I0706881

Recupera a tu ex:

Logra recuperar a tu ex de forma efectiva, guía paso a paso para recuperar a tu ex para siempre, el método infalible. Recuperar a tu ex fácil y rápido

Psic. Roxanne Zes

uso o abuso de cualquier política, proceso, o dirección contenida en este documento es responsabilidad exclusiva y absoluta del lector receptor. Bajo ninguna circunstancia se hará responsable o culpable al editor por cualquier reparación, daños o pérdida monetaria debido a la información aquí contenida, ya sea directa o indirectamente.

Los autores respectivos son propietarios de todos los derechos de autor no conservados por el editor. La información en este documento se ofrece únicamente con fines informativos, y es universal como tal.

La presentación de la información se realiza sin contrato o ningún tipo de garantía.

Las marcas registradas que se utilizan en esta publicación son sin ningún tipo de consentimiento y la publicación de la marca registrada es sin el permiso o respaldo del propietario de dicha marca.

Todas las marcas registradas y marcas comerciales contenidas en este libro son sólo para fines de aclaración y son propiedad de los mismos propietarios, no están afiliadas a este documento.

Índice

Prólogo

La presente obra está especialmente dirigida a todas aquellas mujeres que han experimentado recientemente una ruptura sentimental y que desean recuperar a su ser amado.

En muchos casos el fin de una relación suele afectar de manera negativa a algunas personas y dejarles sin las herramientas necesarias para recuperarse.

A través de estas páginas se expondrán técnicas y estrategias para recuperarte a ti como ser integral para que estés preparada a seguir de manera exitosa las estrategias para recuperar a tu ex.

El enfoque de recuperar a tú ex se desarrollará en tres partes

En la primera parte llamada "Recupérate a ti primero" te ofreceré un viaje a través de los aspectos fundamentales a nivel psicológico que te permiten ser la dueña de tu vida, mejorar como individuo y experimentar crecimiento a nivel personal con la finalidad de que puedas fortalecerte como ser humano.

La segunda parte o "Concepciones de la pareja" abordan el tema de las relaciones de pareja sana y todas las estrategias que se deben implementar para alcanzar al bienestar a través de la relación de pareja.

En la tercera y última parte se plasman un conjunto de estrategias con la finalidad de que recuperes a tu ex pareja y se restablezca tu relación de pareja.

Parte I. Recupérate a ti primero

Destina un tiempo a reflexionar sobre las causas que provocaron la separación

Una ruptura sentimental es de las cosas más dolorosas que se pueden experimentar y son múltiples los sentimientos que pueden emerger al punto de que llegues a sentir que se ha acabado tu vida.

Claro está que depende siempre del significado que esa relación ha tenido para ti, así como del tiempo que has invertido en ella.

Lo cierto es que cuando ya no se han podido corregir las diferencias, desacuerdos o posibles problemáticas y llega la ruptura, puedes experimentar mucho dolor, al punto que no te deja analizar las cosas con claridad.

El impulso inicial, en muchas ocasiones, gira en torno a la desesperación por recuperar de cualquier manera a esa persona que ya no está.

Muchas personas invierten una gran cantidad de tiempo en acosar de cierta manera a la persona que hasta hace poco fue su pareja para hacerle cambiar de opinión, aunque sea a la fuerza.

Este comportamiento en pocas ocasiones lleva a recuperar al ser amado. Claro que hay excepciones pero no es lo recomendable ya que si se produjo una ruptura es porque algo no estaba funcionando y con volver no se solucionará.

Es por ello que lo ideal antes de emprender todo tipo de acciones para recuperar a esa persona, cuya ausencia no te permite seguir y te hace sentir que tu vida carece de sentido, es reflexionar acerca de todo aquello que estaba mal y que desencadenó la separación.

Sé que no es sencillo dejar ir a la persona que amas en un primer instante, pero si luchas y consigues que regrese a tu lado bajo las mismas circunstancias las cosas no cambiarán, nada se arreglará y ninguno de los dos podrá ser feliz con la relación.

La mejor estrategia para recuperar aquello que se rompió en el largo plazo tiene que ver con un análisis profundo de la situación que te lleve a replantearte todo.

Es similar a cuando una persona a nivel comercial elabora un inventario y puede analizar con claridad qué producto tiene, qué debe reponer y cuál mercancía debe cambiar porque se ha vencido.

Es comenzar de nuevo desde la experiencia ya que si la persona de la tienda no revisa lo que tiene es bastante probable que al final del día quede mal con sus clientes.

En este caso, de no analizar la situación, quedarás en malos términos con la persona más importante de tu vida, que eres tú, y con tu ex pareja.

Sin importar el escenario en el que te desenvuelvas, la factura más difícil de pagar en el largo plazo proviene de esa deuda que adquieras contigo mismo.

Cuando das más de lo que puedes a la otra persona para que se quede contigo, soportas malos tratos para que no se vaya adquieres una deuda que no es sencilla de pagar que es contigo misma.

Al final del día o cuando pase el tiempo sentirás unos sentimientos de impotencia, de ira retenida y de dolor que harán que te cueste avanzar y no entenderás por qué.

Por ello te recomiendo que antes de emprender todo tipo de opciones para que esa persona regrese a tu vida, porque sientes que no puedes pasar un día sin este, detente y concédete unos días para reflexionar. Con el paso del tiempo verás que esa es la mejor opción.

Regresar a una relación que se rompió porque ya no funcionaba es un error y por más que quieras que todo funcione sin que se emprendan acciones apuntando a generar cambios profundos y al replanteo de la relación, volverán a cometer los mismos errores.

Por ello, analiza las causas que ocasionaron el deterioro de tu relación de pareja porque tienes que tener en consideración que las cosas no se dañan de un día para otro.

La ruptura es el paso final de toda una serie de acontecimientos que van erosionando la relación, generan todo tipo de confusiones y ocasionan que todo se haga pedazos.

Las causas de un rompimiento son innumerables y las personas en medio de la dinámica de la relación no se hacen conscientes de que a diario cometen errores que en muchos casos llevan a la relación a escenarios imposibles de sanar.

Posibles causas que produjeron la ruptura

Falta de comunicación

Uno de los factores esenciales que ocasionan el deterioro de la relación de pareja es la ausencia de comunicación entre sus miembros.

Es impensable que una relación de pareja avance si existe una mala comunicación.

La dinámica de las relaciones de pareja antes de una ruptura se van desarrollando desde una fluida comunicación en un principio en cuanto las personas comienzan a conocerse, la cual se ve disminuida por los problemas que empiezan a surgir.

Cada persona asume una posición que va de acuerdo a su manera de resolver las cosas. Unos deciden tratar de comunicarse quizás sin éxito mientras que otros optan por quedarse callados sin buscar la solución.

Lo cierto es que en una relación en la que las personas no lleguen a puntos de entendimiento para aclarar los malos entendidos ni solventar los contratiempos, no existe la posibilidad de mejorar las cosas.

Irrespeto

La ausencia de respeto que en muchas relaciones se hace parte de la dinámica diaria es uno de los factores con más potencial para destruir una pareja.

Una de las formas en las que se manifiesta el irrespeto en una relación es a través del maltrato que puede darse a nivel verbal o físico.

La infidelidad, la deslealtad, el irrespeto al compromiso y la carencia de empatía son muestras del irrespeto en la relación de pareja.

Desamor

Aunque es uno de los motivos más dolorosos que producen la ruptura, es una de las causas más usuales que ocasionan la separación.

Como seres humanos es bastante posible que así como

una persona se enamora, poco a poco deje de sentir estos sentimientos hacia la pareja y por ende ya no sienta deseos de estar en la relación.

Por innumerables razones, una persona puede dejar de querer seguir compartiendo sus días con otra y aunque es duro, siempre la otra persona debe entender que no se puede obligar a otro a permanecer a su lado.

Una relación no puede ser buena ni proporcionar crecimiento a sus miembros en la medida en que uno de los dos no pueda alcanzar la felicidad o no se sienta bien con la otra persona.

En estos casos lo mejor es asumir la separación, aceptar que se terminó el amor y seguir adelante.

Contacto cero, para recuperarte a ti y así recuperar a tu ex

Pensarás que es mucho pedir, y realmente es difícil y cuesta arriba pedirle a una persona, a quien su ex acaba de dejar, que mantenga el contacto cero.

El comportamiento normal, el que te dicta tu corazón y lo que tus impulsos más brutos te indican, es que le busques y trates de convencerlo de que tú eres su mejor opción y que se quede.

Muchas personas en medio de su desesperación son capaces de colocarse de rodillas ante su ex para que no les deje, pero para nada esto contribuirá a solucionar la situación ni lograrás traerlo de vuelta.

Si bien es cierto que en algunos casos algunas personas logran que su ex pareja ceda a sus deseos y retorne, a veces por manipulación emocional no es lo correcto ni lo que nadie merece para sí mismo.

En una relación que ya está rota, al menos energéticamente hablando, si no se produce un cambio real desde las bases, adquirirá una dinámica caracterizada por la toxicidad.

El resultado será que estarán juntos pero en una mala relación en la que ninguno de los dos será feliz ni gozará de plenitud.

Bajo esta dinámica, que tu ex regrese y más porque le suplicaste que se quedará a futuro, es una garantía de problemas más graves. En principio porque la persona que ruega y mendiga amor deja de ser respetada por su pareja.

Vive tu duelo

Rogarle a tu pareja para que se quede no resolverá el problema ni te hará más feliz, por el contrario, en el fondo de tu corazón siempre experimentarás un dolor profundo por faltarte a ti mismo.

No es recomendable que le ruegues sino que trabajes en reconstruir lo que has perdido de tu vida y de la relación.

No es posible volver a unir todo aquello que está roto a como lucía en el punto de inicio pero de esos pedazos puedes construir un futuro mejor.

Por ello no es recomendable que justo al producirse la ruptura le supliques a tu ex para que vuelva contigo, ten presente que cuando llega el distanciamiento o la separación es porque muchas cosas no están funcionando.

Todo proceso lleva un tiempo y si le ruegas y regresan, a menos que lleguen a un acuerdo y las cosas comiencen a cambiar, todo seguirá mal entre ustedes dos.

Por ello lo más sensato es que asumas la realidad y te des el permiso para vivir tu duelo, es una manera de comenzar de nuevo las cosas para ti y este es el punto de partida para que pueda darse una oportunidad de volver con tu ex más adelante.

El duelo es una dura etapa de dolor, tristeza y melancolía que surge a raíz de una pérdida y se caracteriza por poseer distintas etapas.

Etapas del duelo

Negación

Es una de las etapas más duras para el organismo en términos de que aquello que no se asume ni se saca a flote, no se sana.

En la medida en que algo no se sane le está haciendo daño de manera silenciosa al organismo y al equilibrio emocional.

Aunque resulta muy doloroso aceptar la realidad tal y como se presenta, el problema no va a desaparecer porque no se quiera ver o restarle importancia.

De hecho, en el caso específico de la ruptura quizás estás en negación desde el primer momento en que las cosas empezaron a dañarse y no funcionaban, y no quisiste verlo ni aceptarlo.

Lo más sano en todo el sentido de la palabra es aceptar la realidad como es sin medias tintas, sin intentar decorarla ni evitar ver la verdad, pues a largo plazo hace más daño que aceptarla como es.

Es alargar una situación que no se va a solucionar sin que se tome ninguna medida de tipo correctiva por lo que estarás alargando el sufrimiento.

Por el contrario, si decides de una vez enfrentar las cosas y a partir de ese punto buscar las soluciones, ya estarás tomando el camino de la recuperación emocional.

Ira

Es la segunda etapa del duelo y se caracteriza por un profundo sentimiento de rabia, que en ocasiones es parte del dolor encubierto o disfrazado.

Sentirás una gran molestia con esa persona o situación relacionada con la pérdida, en este caso con tu ex por todo lo que ha sucedido en la relación.

Dependiendo del caso puedes llegar a sentir un enojo muy grande contigo misma por cómo pasaron las cosas, el trato que recibiste, incluso con tu ex por las características de su comportamiento o por haberte dejado.

Lo cierto es que es una etapa en la que puedes cometer algunos errores si llevada por la ira y sin detenerte a pensar por un instante le gritas a la cara a tu ex todo lo que piensas por desahogarte.

Siempre es conveniente controlar el enojo, no ocultarlo ni tragártelo ya que esto conlleva a una mala gestión de las emociones.

Una persona que en vez de desahogarse opte por guardarse las emociones para sí misma, tarde o temprano de manera irremediable terminará por explotar.

Lo más dañino de estas conductas es que siempre la tendencia es a hacerles daño a las personas de forma física o verbal debido a estos arrebatos de ira.

La conducta más sana gira en torno a desahogarse de manera en que se pueda llegar a un punto de entendimiento.

Negociación

Es una dura etapa ya que la persona cae en un tipo de auto-engaño, el cual le lleva a creer que de alguna manera pudo haber hecho algo para evitar la situación que tanto dolor le produce.

Durante este período las personas suelen dejarse llevar por fantasías a fin de evitar el contacto con la situación dolorosa.

Depresión

Es una etapa de las más fuertes del proceso del duelo porque ya no existe una negación ante la realidad ni ninguna conducta de evitación hacia lo que es un hecho; la pérdida.

Este período se caracteriza porque la persona se siente perdida en medio de su tristeza y el miedo.

El miedo a no saber cómo serán las cosas hacia el futuro y sin esa persona que se ha perdido se suele apoderar de la persona que está experimentando el sentimiento de pérdida.

Los sujetos se suelen sumergir en medio de la tristeza, la melancolía y otros síntomas que se asocian con la depresión.

El individuo suele aislarse y a evitar cualquier situación de contacto externo.

Aceptación

Es la etapa final del duelo y se caracteriza porque el individuo logra aceptar lo que ha sucedido y ya está preparado para enfrentar la vida que tiene por delante a pesar de la perdida.

Se trata de aprender a vivir sin esa persona que se ha

ido y de aceptar la realidad tal y como se presenta.

El tiempo cura las heridas

Si la relación se ha terminado en medio de un mal entendido o se suscitó un desacuerdo difícil de superar, lo mejor es esperar un tiempo prudencial para proceder a aclarar la situación.

En la mayoría de las ocasiones las emociones fuertes como la ira no permiten que las personas puedan pensar y analizar todo el escenario con claridad.

Si se presentó una pelea o desacuerdo en la que sacaron a flote lo peor de ustedes mismos, la mejor estrategia es esperar a que las aguas se calmen.

En estos casos la paciencia es buena consejera ya que una persona molesta y controlada por sus emociones no cuenta con la capacidad para razonar y un comportamiento bastante humano es responder con agresión a quien sientes que te ha atacado.

El dicho que reza "el tiempo cura las heridas" es bastante acertado en estos casos porque no hay ningún mal entendido que se pueda arreglar en medio de tanta confusión.

Contacto Cero

La mejor estrategia que puedes ejecutar para recuperar a ese ser que se fue de tu lado por el motivo que sea es mantener el contacto cero.

Sé que no es una tarea sencilla dejar ir a la persona amada y no poder comunicarle cuanto le amas, todo lo que sientes y cuanto lo necesitas en tu vida, pero en algunas ocasiones hay que tomar las cosas con calma y darle tiempo también a la otra persona para que pueda reflexionar y recuperarse.

En ocasiones, con el pasar de los días muchos individuos que se han dejado llevar por sus emociones y sus impulsos iniciales llegan a un estado de calma tal en el que pueden hacer un balance personal, darse cuenta de lo que han hecho y de cuánta falta les hace la otra persona.

Y esto sólo se puede lograr cuando no intervienes ni presionas y dejas que las cosas fluyan por sí solas.

Es bueno que aproveches ese tiempo para ti, dedícalo a la reflexión para que puedas ver con claridad todo lo que estuvo mal y en qué debes cambiar.

Por tanto no le llames, no le escribas, no lo busques, y si te busca en dos días no le aceptes.

Enfócate en trabajar en las causas que provocaron la ruptura y ocúpate de ti.

Trabaja el autoconocimiento

En este apartado hablaré de un factor fundamental para el crecimiento personal, el cual por diversas causas a menudo es dejado de lado como algo sin importancia.

La mayoría de las personas no le atribuyen al autoconocimiento la importancia que requiere y se pueden pasar toda una vida sin realmente llegar a conocerse.

El origen de esta conducta está relacionado de muchas maneras con el factor cultural, donde no se le ha concedido el grado de importancia a las emociones a pesar de que somos seres emocionales.

Aunque no somos un 100% emocionales, estás sensaciones que son innatas pueden ser una gran carga en cuanto no son gestionadas de manera correcta.

¿Qué es el autoconocimiento?

El autoconocimiento es, en pocas palabras, el grado en que cada persona sabe de sí misma.

A cualquiera, si se le interrogase si se conoce a sí mismo y en qué medida, le parecería una pregunta de locos, sin sentido.

Seguramente respondería de inmediato que por supuesto que se conoce a sí misma, podría sentirse hasta ofendida pero no conocerse en profundidad es más común de lo que piensa.

En principio porque lo mejor para muchos es buscar la compañía y el apoyo externo todo el tiempo y evitar a toda costa quedarse solos aunque sea por unas horas.

El temor a la soledad puede ser la explicación o el miedo a hacer contacto con las propias emociones, sentimientos y esa parte de nosotros que no nos gusta.

En ocasiones tiene que ver con una cuestión de autoaceptación, quizás porque hay cosas de mí que no me agradan y en ese caso lo mejor es no hacer contacto.

Si no me quedo sola, no reflexiono con respecto a mis propias cosas, evito mis emociones y trato de esconderlas; me niego la posibilidad de sentir y de forma imaginaria tengo todo bajo control pero en realidad no es así.

El autoconocimiento conlleva a que tengas el pleno conocimiento de aquello que te gusta, lo que no te agrada, lo que quieres el día de hoy y para tu vida, tus metas personales y aquello con lo que definitivamente no quieres convivir.

En la medida en que te conozcas te darás cuenta que

eres un ser único, que como eres es perfecto y que no necesitas de nadie más para ser feliz. De hecho si tú te aceptas, al mundo no le quedará otra opción que aceptarte también.

Muchas personas no se conocen porque durante su infancia les fueron transmitidos ciertos valores que les alejan de ser y aceptarse cómo son y que les condenan a ser la persona que los otros desean que sea.

En algunos casos los individuos pasan los años sin vivir sus propias vidas y sólo viven para complacer a los otros y a través de ellos.

Es el típico caso de aquellas personas que poseen las recetas perfectas con todos los detalles incluidos de cómo los otros deberían vivir sus vidas, las acciones que debería realizar para concretar sus metas, solucionar los conflictos que puedan tener y así sucesivamente.

Pero en cuanto haces un balance de la vida de esa persona puedes corroborar que en el día a día, ni siquiera a largo plazo, hacen algo por vivir sus propias vidas, trabajar por aquello que les da felicidad o por cumplir sus metas o sueños.

Importancia de conocerse a sí mismo

Es vital para el desarrollo personal contar con un profundo conocimiento de sí mismo puesto que sólo en esa medida sabremos si hay algo que nos molesta y que queremos cambiar.

Para el manejo y gestión de las emociones es significativo saber qué es aquello que me gusta, lo que no me gusta, lo que me agradaría cambiar, lo que no puedo aceptar.

Sólo así sabré si la acción de determinada persona puede provocar en mi enojo y en base a esa información contar con el tiempo y el autocontrol para retirarme de esa situación cuando se ha vuelto insostenible a tiempo.

La persona con crecimiento personal por lo general gozará de un control de sus emociones, que le llevará a decidir cómo va a reaccionar frente a determinada situación.

No significa que en semejanza a un robot sin sentimientos va a reaccionar totalmente como un ser carente de emociones, por el contrario, quien tiene crecimiento personal puede sentir todo con mayor intensidad.

La diferencia está en que la inteligencia emocional te concederá la posibilidad de que te hagas consciente al momento en que algo te está afectando y tomar la decisión de lo que harás con ello.

Ventajas de conocerse a sí mismo

Son múltiples las ventajas de conocerse a sí mismo. En primera instancia porque somos nosotros con quien pasaremos el resto de nuestras vidas.

El resto de las personas se quedarán un tiempo contigo, o quizás toda la vida, pero ten en cuenta que es una decisión de cada una de ellas y que sobre ellas no puedes influir.

Sin embargo, tú siempre estarás contigo mismo y es la relación que más te conviene cultivar.

Recuerda que si no puedes ser compañía para ti mismo tampoco podrás serlo para los demás.

Dentro de las ventajas de conocerte a ti misma cabe destacar:

Gestión emocional

El punto de partida para la correcta gestión de las emociones es el autoconocimiento, en vista de que no se puede controlar aquello que no se conoce.

Si yo desconozco cuáles son las cosas que a mí me hacen feliz, me producen miedo o me causan enojo, entonces no estoy en condiciones de controlarlo o de saber qué es lo que hará que me sienta de esta manera.

Esto es similar a estar en desventaja con respecto a otras personas.

Sin embargo, quien tiene aunque sea una idea de lo que le hace feliz o infeliz, lo que desea y lo que se le hace difícil soportar, podrá acceder a una posibilidad de manejo de sus emociones.

Autoestima

El autoconocimiento es la base para una buena autoestima porque para cuidar de sí mismo es necesario quererse.

Del amor que como persona te tengas a ti mismo y de la autorreflexión podrás profundizar en el autoconocimiento.

Auto-aceptación

La fórmula perfecta para la auto-aceptación proviene del autoconocimiento, así como de una autoestima sana.

Si te quieres, te amas y sabes cuánto vales, habrá cosas de ti que no te gusten tanto pero al saber que son tuyas las aceptarás; y si decides cambiarlas, lo harás desde el amor.

Equilibrio emocional

El equilibrio emocional está asociado con el crecimiento personal y se da en la medida en que eres dueña de tus emociones y de tu vida.

En este sentido las demás personas tendrán sobre ti solo el poder que tú quieras darle y por más que alguien en algún momento quisiese, no podría alterar tu estado de calma porque quiera si tú no se lo permites.

Refuerza la autoestima y la seguridad en ti misma

La autoestima es uno de los aspectos que definen el crecimiento personal y la evolución como individuos.

Muchas personas desconocen lo que es la autoestima y lo que ese concepto implica para la vida misma.

La autoestima es un aspecto fundamental para la salud mental y para alcanzar el bienestar.

Muchos carecen de una autoestima sana y ni siquiera tienen un pleno conocimiento de ello. Incluso, algunos no saben lo que es tener una buena relación consigo mismos y esto es la base de todo, el punto de partida.

Es imposible establecer relaciones colmadas de sanidad con el resto si no las tienes primero contigo.

¿Qué es la autoestima?

La autoestima hace referencia al sentimiento de afecto que cada persona tiene hacia sí misma, el cual debe ser inalterable e inviolable.

No se trata tampoco de quererse a sí mismo de manera

enfermiza al punto de no darse cuenta de que otras personas existen en nuestro entorno.

No es síntoma de una buena autoestima creerse superior al resto de las personas y por ello descalificar a todos los que se encuentran alrededor.

Una persona con una autoestima sana se quiere a sí mismo y se tiene en alta estima, tal como el término lo dice, lo cual le provee de las herramientas necesarias para ocuparse de sí y preocuparse por la satisfacción de sus necesidades básicas.

Carencia de afecto hacia sí mismo

Muchas personas en su día a día asumen prácticas que van en contra de lo que es la concepción de autoestima en todo el sentido de la palabra.

Estos comportamientos se manifiestan por medio de las acciones que los individuos ejecutan en los que excluyen en buena parte a todo lo referente a su bienestar.

Estas conductas por lo general están asociadas con el descuido hacia sí mismo que bajo determinadas circunstancias se asocian con la desatención a la satisfacción de sus necesidades básicas.

Una persona que por cumplir con una gran carga de trabajo que le dejó su jefe como asignación no se alimenta de la manera adecuada, se salta la hora de la comida o consume sus alimentos en medio de un gran sobresalto por la premura de terminar sin dedicarse unos minutos para sí misma, está atentando contra su autoestima.

En la medida en que no se cubran las propias necesidades, que es el requisito mínimo para el óptimo funcionamiento del organismo, se están realizando acciones que atentan contra la autoestima sana.

Las personas con buena autoestima que llevan una buena relación consigo mismas y se quieren no se exponen de ninguna manera al maltrato de su cuerpo.

Estos anteponen sus necesidades a cualquier tarea que se le haya asignado sin caer necesariamente en la irresponsabilidad o en el incumplimiento.

Comer, dormir, dedicarle tiempo al descanso y al esparcimiento forman parte de las necesidades básicas de las que no se puede prescindir.

Las personas que sienten un gran amor por sí mismas, como es lo sano y lo natural, no abusan de sus cuerpos, de sí mismas ni permiten que otras personas lo hagan.

No se trata de egoísmo sino de saber cuánto vales como persona y de valorarte en todo momento sin importar si los otros lo hacen o no.

Poco sentido de valía

Las personas con una autoestima baja pueden llegar a sentir que no valen nada o que valen menos que otras personas.

El comportamiento de quienes tienen estas creencias usualmente gira en torno el no merecimiento, el cual está avalado para quien así lo piensa en cualquier concepción errónea.

Estos son individuos que pueden ver a aquellos, que quizás son exitosos o gozan del amor y la aceptación de otros, como personas dotadas con una gran suerte que ellos no poseen porque tampoco lo merecen.

Suelen pensar que les falta algo o que no son lo suficientemente buenos para ser aceptados por otros.

Tienden a menospreciarse y descalificarse incluso frente a otras personas y establecen comparaciones para ponerse por debajo de los demás ya que se creen poca cosa o que siempre les falta algo que no les permite ser mejores, pero tampoco toman medidas para mejorar en esa área que no dominan por ejemplo.

El poco sentido de valía les impide moverse para ser mejores cada día o cumplir sus propios objetivos y la excusa perfecta que tienen para ello es la ausencia de suerte o que no se les dan esas cosas porque no tienen talento.

Estas personas se quedan detrás de escena sólo observando el éxito de todos los que tienen a su alrededor, y una manera de demostrarlo es agrediéndose a sí mismos por medio del vocabulario.

Una forma bastante efectiva de maltratarse a sí mismo y de cada día convencerse más de lo poco que vale para ti y para el mundo se puede observar en el lenguaje que emplean la mayor parte del día para referirse a sí mismos.

Las personas con baja autoestima son los enemigos de ellos mismos, ya con esa actitud tan poco constructiva no requieren la intervención de una tercera persona.

Ellos son su propio juez y verdugo y de manera continua, en cuanto cometen cualquier error o equivocación, no hacen más que insultarse a ellos mismos y descalificarse.

Es propio de una persona con baja autoestima escucharle referirse a sí mismo por medio de insultos e incluso groserías al momento de incurrir en cualquier error.

"¡Qué tonto soy!", "¡Cómo no pude darme cuenta!", "¡Es que esa torpeza mía!". Estos son sólo unos pocos ejemplos de los continuos insultos a los que suelen referirse a sí mismos.

Y así transcurren los días sin tratar de mejorar ya que eso no es para ellos sin atenderse porque a fin de cuentas no importa y sin creer que son merecedores de cualquier cosa buena o del amor de otros.

Si la relación contigo mismo se basa en el menosprecio continuo hacia ti y en el maltrato, es imposible tener una buena autoestima bajo estos términos.

La importancia de la auto-aceptación

La auto-aceptación es una de las bases para una buena autoestima, aceptarte tal como eres como una persona con defectos y virtudes pero no por eso menos valiosa.

Ese es el primer paso para declararse el amor hacia sí mismo, esta es una parte esencial incluso para lograr la aceptación del resto de las personas en el sentido de que lo que crees de ti es lo que transmites a los demás.

Una persona con una autoestima sana y que se acepte tal como es con todo su ser no tendrá miedo alguno de mostrarse ante el mundo ni temerá por la aceptación.

En la medida en que ella misma se acepta como es pierde importancia la aceptación externa, claro está que los individuos siempre de alguna manera en algunos momentos puntuales pueden buscar aprobación externa y esto sigue siendo sano siempre y cuando no se convierta en una constante.

Requerir a nivel emocional de las personas que nos rodean no es algo que necesariamente cae en lo insano o en la dependencia mientras que todo sea tomado en su justa medida.

Quererse a sí mismo es el primer paso para ser una persona completa e integral y forjar una relación con nosotros mismos.

Trabaja en el amor propio.
Primero eres tú.

Bajo esta concepción, amarse a uno mismo no significa que seamos unas personas despiadadas y egoístas que nos desinteresemos del prójimo en todo momento y que ellos para nosotros no valgan nada.

Una buena autoestima no se caracteriza por una conducta asociada al egocentrismo, la cual hace creer a las personas que el mundo, el sol y todo lo demás gira en torno a ellos.

Tampoco guarda relación con personas carentes de empatía a las cuales no les importa ni un poco las personas que tienen a su alrededor, amarse a sí mismo va mucho más allá de eso.

Es saber equilibrar la relación contigo y con los demás, es quererte a ti primero que a otros y ocuparte de ti.

Una persona con el suficiente amor propio tiene toda la disposición a ocuparse de sí misma y a hacerse responsable de su propia vida.

La persona más importante
de tu vida eres tú

Eres la persona más importante de tu vida de manera indiscutible, sin ninguna excusa esa es la realidad.

Por tanto, antes de ayudar a otra persona debes estar bien tu primero.

¿Por qué eres la persona más importante de tu vida?

Porque vas en el primer lugar, antes que cualquiera.

Eres la única persona con la que pasarás el resto de tu vida y con quien convivirás siempre, y es por ello que esta relación contigo misma es la que debes cultivar.

Los cambios importantes en la vida de las personas se deben iniciar siempre desde adentro hacia afuera. En este caso se requiere iniciar por la casa matriz o inicial, que es el lugar en el que inicia todo.

Anteponerte y trabajar por ti es la muestra de amor más grande que puedes darte a ti misma.

Amate y los demás te amarán

En el caso del desarrollo y el crecimiento personal todo inicia por casa, este es el punto de partida.

Ninguna persona que no se encuentre al 100% bien consigo misma puede ser una ayuda para otros ya que carece de las herramientas requeridas para llevar adelante la ayuda.

Si alguien que no puede sostener siquiera su propio cuerpo decide cargar a otro terminará por derribarlos a ambos, y para que no se cayeran lo primero que había que hacer era que la persona que ayudará al otro tuviera un equilibrio antes.

Ayudar a otros a costa de nuestras propias necesidades y requerimientos traerá como consecuencia una deuda con nosotros mismos difícil de cambiar.

Debemos tomar en consideración una realidad, para disponer de la posibilidad de ayudar a otros antes debemos estar bien ya que de lo contrario no estaremos preparados para poder echarle la mano a otros.

Además, si yo no estoy bien no puedo ayudar a ninguna persona a estarlo, es una simple y sencilla ecuación que siempre dará el mismo resultado.

El hecho de que seas primero tú no tiene que ver con el egoísmo y con un mal proceder con respecto a otras personas, es sano y demuestra mucho el que partas de ti mismo.

Para ser una persona completa, útil y preparada, primero que nada se requiere que estés bien; este es el primer paso.

Ayuda, pero cuando ese acto de amor no vaya en perjuicio tuyo directamente, ya que si actúas de este modo adquirirás una deuda contigo mismo difícil de pagar.

Entregar nuestra comida a otra persona cuando hace rato el hambre nos mantiene en una especie de desequilibrio es un bello acto de amor con la otra persona pero para ayudar al otro, ¿en qué lugar quedaste tú?

Estas son el tipo de acciones que desequilibran la relación contigo misma y te dejan con una eterna deuda moral difícil de pagar.

No puedes anteponer a las demás personas a las que tienes afecto antes que a ti misma y olvidarte de tus propias necesidades. En ese caso estarás abusando de ti y no es lo justo.

Toma en consideración que al abordar un avión parte de las recomendaciones giran en torno a que si se presenta una descompresión en medio del vuelo y caen las mascarillas de oxígeno, si estas con un niño, primero tomes aire tú y después debes proceder a ayudarle y pues si tú no respiras, ¿cómo podrás ayudar al más pequeño?

Acéptate y el resto lo hará

Acéptate y colócate en el puesto número uno dentro de las personas de tu vida sin dudas y sin reservas.

El sentir amor por ti misma nada le resta al amor que sientas por otros y tampoco caigas en la culpabilidad por ocuparte de ti; esto es lo natural.

Dedícate a ti, a crecer, a desarrollarte como persona y ser humano, a ser feliz, quiérete y acéptate como eres y verás como la magia se manifiesta de los demás hacia ti.

Quiérete tal y como eres, ama aun al más grande de tus errores porque son tuyos y verás como de pronto no tendrás ningún problema para ser aceptada por el resto, y en ocasiones es tan fuerte el sentimiento que la importancia de los otros con respecto a nosotros pierde importancia.

Primero eres tú

Sin importar las circunstancias ni la calidad de los afectos no existe en tu vida ninguna persona más importante que tú, tú eres la raíz de todo.

Incluso si tienes hijos y los amas desde lo más profundo de tu ser, ellos dependen de ti por completo al menos en los primeros años de su vida, por tanto, si no te ocupas de ti con quien contarán ellos.

Si no estamos bien, ¿cómo ayudamos a otros? Muchas madres, al tener hijos, suelen cometer el error de olvidarse de sí mismas como seres humanos, lo que trae como consecuencia que una persona incompleta o que no está pendiente de lo que necesita para seguir se ocupe de la descendencia.

Esta conducta es bastante usual en las personas después del nacimiento de los hijos, y es normal el impulso de dejarte llevar por los sentimientos que te provoca tu hijo pero lo que no estás bien es que te olvides de ti.

Si quieres ser alguien y ayudarle no puedes olvidarte de ti ni de tu existencia.

Ejercicios para reforzar la autoestima

Como has logrado observar a lo largo de estas líneas, uno de los aspectos más importantes que te conducirán a recuperarte, a emerger desde las cenizas de forma similar a un ave fénix, viene dado por el reforzamiento de tu autoestima.

Se requiere de una buena autoestima o de una autoestima saludable para tener una relación de pareja que cumpla con su función que no es otra que proveerte de bienestar.

Claro está que la relación por sí misma o esa persona que escogiste para pareja no tienen la potestad para hacerte feliz, la felicidad es algo que emergerá de ti, es una actitud, un estilo de vida.

No se requieren grandes cosas para alcanzar la felicidad, se trata de la aceptación que se tenga de la realidad y de la convicción de que la mayoría de las cosas que no me gustan de mi vida las puedo cambiar en el momento que quiera.

Claro está que no se trata de cambiar a las otras personas, eso es impensable, cada quien es dueño de su vida y ejerce transformaciones sobre ella si siente la necesidad.

Lo que cambia en ti cuando gozas de una buena autoestima y de un crecimiento personal es la manera en la que ves a las personas, las aceptas y le respetas sus individualidades.

Es por ello que es bien importante indagar por qué decidimos quedarnos con una pareja en especial y no con otra, revisar en ti misma qué te motivó a elegir a ese ser para compartir el tiempo que dure la relación.

Si en medio de esa revisión surgen respuestas asociadas con la necesidad de ser amada, la dependencia que has desarrollado hacia esa persona, el miedo a quedarte sola, sin pareja, por lo que es mejor aprovechar el tren que se te presentó y emprender el viaje aunque le falle el motor, entonces es el momento ideal para que trabajes en el reforzamiento de tu autoestima.

Sólo debes saber que esto no es un trabajo de un día, el crecimiento personal es para toda la vida, siempre existirán aspectos de nosotros que desearemos mejorar porque no nos gusten o porque nos generan limitaciones, lo importante es que a pesar de todo conserves un buen trato para contigo misma y trabajes la autocompasión.

No se recomienda bajo ningún contexto ejercer la rudeza contigo misma, debes tenerte paciencia y amarte por sobre todas las cosas.

Ejercicio 1. Inicia una relación con el espejo

Quizás el título o el nombre de este ejercicio te sonará divertido pero de eso se trata este trabajo que te recomiendo realices al menos una vez al día.

Para llevarlo a cabo sólo requieres de un espejo, de ese en el que miras tu reflejo todas las mañanas antes de salir a ejercer tus tareas en el exterior.

Y la idea es que cambies a partir del día uno esa concepción que a nivel de maltrato ejercemos cuando nos encontramos frente al espejo.

¿Te has dado cuenta que, de la misma manera en la que sueles insultarte al cometer un error, lo haces cuando te asomas para ver tu rostro o tu apariencia antes de salir frente al espejo?

Lo más seguro es que emplees esta útil herramienta para buscar los defectos que puedas tener, no vaya a ser que las demás personas en la calle lo noten, pero, ¿qué te parece si eso lo sustituyes por un consentimiento diario hacia ti en el que sólo trates de ver, en vez de lo malo y negativo, lo bueno de ti? Ya que seguramente tienes muchas cosas buenas a las que no les das la importancia necesaria.

Desde el día uno de esta terapia del espejo deberás llenarte a ti misma de elogios con respecto a tu apariencia y tu misión diaria durante un mes consistirá en descubrir al menos dos aspectos muy positivos de tu apariencia, ya no te vas a parar frente al espejo a contemplar o en la búsqueda de aquello que está mal sino para mejorar aún más tu belleza.

Ejercicio 2. Descubre quién eres

Para la realización de este ejercicio deberás adquirir una libreta o cuaderno con hojas nuevas en el que llevarás una especie de diario.

Por los próximos 30 días, de manera ininterrumpida, te dedicarás a plasmar en esas hojas todas las cosas buenas de ti. En cada hoja anotarás con la fecha tres virtudes diarias que pueden estar relacionadas con rasgos físicos o de personalidad.

Imagina que estas realizando el trabajo de investigación más importante y que ingresas en tu mente como si fuera una mina en la que existen infinidad de tesoros por descubrir, enfócate en conocer todas las cosas buenas que te integran y que te hacen ser la persona que eres.

Ejercicio 3. Transforma tu vocabulario.

Este es un ejercicio cuyos resultados podrás ver de manera progresiva, ya que se trata de un proceso, no es de un día para otro que se generarán los cambios.

En este sentido, la actividad que deberás realizar a diario está relacionada con una revisión constante de tu vocabulario a fin de determinar el lenguaje que sueles utilizar que no está acorde con el nivel de autoestima saludable al que deseas alcanzar.

Cada vez que detectes una palabra que se refiera a ti en malos términos, anótala y siempre que te hagas consciente de esta situación sustitúyela por una positiva que hable bien de ti.

Ejercicio 4. Trabaja en el autoconocimiento

Toma lápiz y papel preferiblemente y comienza por escribir tu historia como si fueras un narrador que no pertenece al contexto.

Esfuérzate por narrar los distintos aspectos que componen tu personalidad, tanto los buenos como los que no lo son, pero asegúrate de poner un énfasis especial en todos los aspectos positivos de ti y exagera si es posible.

Este ejercicio, que además puedes transformarlo en una actividad divertida, te ayudará a conocerte mejor a ti misma y a valorarte mucho más de lo que lo haces en este momento.

Reinvéntate

Si sientes que es necesario comenzar de nuevo o de alguna forma piensas que muchas cosas no están bien dentro de ti, es el momento perfecto para llevar a cabo el inicio.

Reinventarse es similar a realizar un inventario y tomar un registro de todo lo que tengo, con lo que cuento, aquello que me hacer feliz, lo que no, y tomar la decisión de que es lo que se hará con todo eso.

Es cambiar de muchas formas el sentido o el rumbo en el que veníamos llevando la vida.

En el caso de las personas adultas, una reinvención, aunque se hable de lo contrario, no inicia como un borrón y cuenta nueva donde lo pasado y lo que hay no sirve o no funciona.

Se parte de la experiencia, por más diversos que sean los nuevos matices que se quieran dar o distinto el rumbo que deseemos tomar.

Reinventarse requiere de cierta manera llevar adelante un cambio planificado que partirá de aquellos aspectos sobre los que se quiera trabajar y donde se quieran generar los cambios.

No se trata de llover sobre mojado, porque ya lo que se hizo hecho está, sino que consiste en cambiar la manera de hacer las cosas y de tomar una dirección diferente.

El cambio de rumbo se asocia directamente con las medidas que se deben tomar en consideración para emprender los cambios que se desean lograr, transformaciones que obedecen en que como se han venido haciendo las cosas hasta ahora no ha funcionado bien para nosotros.

Y cuando algo no funciona bien o no nos provee felicidad lo mejor es emprender los cambios que sean necesarios a fin de mejorar las condiciones de vida.

Una de las principales luchas, desafíos y retos que como seres humanos debemos asumir es alcanzar todo aquello que nos hace felices y que nos ayuda a crecer.

Se trata de construir tu vida en base a la felicidad y a todo aquello que quieras obtener, no dedicarse al sufrimiento o a los lamentos por aquello que no ha podido ser.

Lamentarse al final del día no sirve para nada porque mientras te estas lamentando no estas llevando a cabo las acciones necesarias para lograr los cambios.

Sólo estás ocupando un lugar en medio del estancamiento sin moverte en pro de hallar la solución o de emprender un cambio al tiempo que la vida continúa con su ciclo normal, los días siguen transcurriendo y las personas desarrollando sus proyectos.

No temas al cambio por la posibilidad de equivocarte, los errores son parte de la vida y de ellos también se aprende.

Si para ti las cosas tal como se han dado no funcionan, te sientes infeliz por los resultados que has logrado y deseas cambiar de dirección ya que te diste cuenta que el camino que llevabas no es el correcto, entonces es hora de reinventarte.

Reinventarte incluye mirar las cosas y tomar las acciones desde otra perspectiva diferente porque si sigues haciendo lo mismo que hasta ahora, no obtendrás resultados diferentes.

Esto es similar a darse cabezazos con la misma pared, partiendo de la idea de que alguna vez el concreto con el que fue construido cederá y nada más alejado de la realidad, sólo terminarás con un fuerte dolor de cabeza y quizás con algunas lesiones al tiempo que el concreto permanecerá intacto.

Mejora tu aspecto físico. Tu look y tu vestuario.

Una de las formas más efectivas para reinventarte, que no es otra cosa que a partir de lo que tienes y de lo que eres llevar a cabo un cambio, tiene que ver con lo que respecta a tu apariencia.

Para las mujeres, una nueva época o una transición de muchas formas es más efectiva si se inicia por un cambio en lo que respecta a la apariencia.

Aunque pueda ser una medida que en principio se considere como un poco superficial en vista de que está relacionada con la apariencia externa, ayuda muchísimo verse bien.

Verse bien en el exterior influye en cómo te sientes en el interior y es una de las principales medidas que hace que el cambio resulte más sencillo.

Si en mi interior ya emprendí un proceso de cambio y de reinvención en el que me estoy planteando mejores escenarios y estoy en la búsqueda de resultados diferentes, lucir como la persona de siempre no ayudará.

La imagen aunque no lo es todo ni lo más importante, dice mucho de ti y es de gran ayuda.

Si nos mostramos como personas ganadoras y cada vez que vemos nuestro reflejo en el espejo nos motivamos por lo que vemos porque nos agrada, eso de manera progresiva ayudará a ejecutar los cambios en el interior.

Cómo mejorar tu aspecto físico

Como mujer, existen en la actualidad diversas opciones para que saques lo mejor de ti y de tu apariencia.

Un buen inicio es que te asesores con especialistas en cuidado personal o en imagen. Estas personas están capacitadas al 100% para asesorarte en aquello que deberías de mejorar y los mejores cambios de acuerdo a tu complexión, así como a tus rasgos.

Ponte en las manos de los mejores especialistas en la materia y saca lo mejor de ti al exterior, esto te servirá de aliciente para seguir adelante y continuar cultivando tu interior.

La imagen externa y el cómo te sientas en el interior será lo que mostrarás de ti a ti misma y al resto de las personas.

Y las personas que se sienten cómodas con su imagen suelen tener una mejor autoestima y a aceptarse mejor.

Nada mejor para trabajar las penas del corazón que hacerte un cambio de look completo como parte de la fase de reinvención que has emprendido.

Corta tu cabello de la manera que mejor te favorezca de acuerdo a la forma de tu rostro y sobre todo como te sientas más cómoda, cambia el color o inyéctale vida al color que ya tienes.

Son múltiples las opciones de las que dispones a nivel cosmético en estos días para presentarte con tu mejor cara ante los demás.

Si el problema es que no cuentas con grandes recursos económicos para destinarlos a este fin, que eso no te haga desistir; en la red puedes encontrar mucho material que te mostrará cómo cambiar tu apariencia aun cuando dispones de pocos recursos.

No tienes excusas, atrévete a cambiar y a mejorar tu apariencia. Es uno de los primeros pasos para que te sientas mejor contigo misma, pero hazlo por ti, para sentirte mejor contigo misma, no lo hagas para que tu ex o alguna otra persona lo note. Recupérate a ti primero, ese es el gran secreto para lograr un cambio en realidad efectivo.

Cambia tu vestuario

Uno de los errores principales en los que caen las personas al darles prioridad a otros en su vida es en descuidar su propia imagen.

Es bastante probable que por estar pendiente de mantener a tu ex a tu lado o de otras personas, no hayas fijado la atención a tu aspecto físico incluyendo tu vestuario.

Si es así, es hora de emprender un cambio positivo para ti, que mereces todas las cosas buenas. Sal y cómprate cosas bonitas, llévate de compras y consiéntete.

Compra aquella ropa que no te habías atrevido hasta ahora a lucir por no saber cómo se te ve a ti, pídele a la vendedora que te asista y pide su más sincera opinión.

Asesórate con revistas de moda, programas de televisión y especialistas acerca de las últimas tendencias en la moda y en qué es lo que más te favorece de acuerdo a la forma de tu cuerpo.

Es bien sabido que toda la ropa de moda, por más hermosa que sea, no le va bien a todas las personas. Por ello no te coloques una prenda sólo porque está de moda, cerciórate que esta saca lo mejor de ti a nivel físico.

Atrévete a mostrarte como eres

No existe persona más atractiva en el mundo que aquella que irradia espontaneidad y se muestra tal como es sin temor a los prejuicios que los otros se puedan formar.

Se tú misma sin importar el resto. Claro está, siempre respetando a las demás personas ya que las buenas relaciones están basadas en el respeto que primero te dispensas a ti misma y luego a los otros.

No temas a lo que los demás puedan pensar de ti, recuerda que es imposible complacer a todas las personas o agradarle a todos, siempre existirán personas que no estarán de acuerdo por cómo eres o con tu manera de ser.

Muchos de ellos se formarán opiniones de cómo es la mejor manera de llevar la vida para ti, qué es lo mejor para ti, lo que más te conviene, lo que deberías de hacer, aquello que no estás haciendo del todo bien, te toparás con todo tipo de situaciones pero el secreto está en que te mantengas fuerte.

Vivir con la convicción de que estas actuando de la manera correcta y haciendo lo mejor que puedes con los recursos que tienes, dando lo mejor de ti en todo momento, es una de las mejores estrategias.

Una persona sólo tiene chance de ser feliz en la medida en que pueda ser ella misma ya que esto le concede comodidad.

Interpretar un papel de otra persona, pretender ser y mostrarte ante los demás como quien no eres no traerá nada bueno a tu vida, por el contrario, esto puede generarte un sentimiento de frustración.

En cambio, sí partes de la aceptación hacia ti misma como la mujer que eres y el ser humano maravilloso, son múltiples puertas las que se abrirán a tu paso.

Las demás personas pueden interpretar cuando una persona es feliz y se siente cómoda por quién es, y pueden llegar hasta a admirarle. No logras nada con tratar de ser una persona perfecta porque eso no existe, sólo puedes ser perfecta para ti al aceptarte tal como eres con virtudes, defectos, errores, aciertos, debilidades y fortalezas.

Toda la humanidad está formada por personas imperfectas, individuos que cometen errores y se equivocan a diario pero que en muchos casos aprenden de estas situaciones y se dedican a avanzar.

En el camino del crecimiento personal, de tu propia reinvención, es posible que te topes con toda clase de dudas que te llevarán a preguntarte si estás haciendo lo correcto. Y es que no existe un dispositivo para medir tus actuaciones y decir a ciencia cierta si vas por el camino correcto.

El medidor está en ti y en cómo te sientas, si tú te aceptas y estás contenta con la persona en la que te has convertido, con lo que tienes para ofrecer a ti y al mundo, eso será lo que transmitirás a los ojos de los demás.

Las personas tienen el poder, por así decirlo, de transmitirles a otros, aún sin emitir palabra, la manera en la que se sienten. ¿Te sientes cómoda contigo misma? En ese caso no son necesarias mayores explicaciones, créeme que cuando una persona llega a este punto, la presión externa para motivar un cambio y de no aceptación de lo que eres disminuye o desaparece.

¿Deseas conquistar a tu ex nuevamente, al mundo y a todos? Inicia por ti, conquístate primero y verás como todo lo demás fluirá de la manera más sencilla.

Una persona siempre atrae mucho más de lo que tiene

para ofrecer al mundo, atrévete a cambiar, reinvéntate y trabaja la auto-aceptación y verás cómo la vida cambiará para ti.

¿No te has dado cuenta que si un millonario ingresa a una casa de apuestas o a un casino, las probabilidades de que gane son altas? Incluso cuando es poseedor de una gran fortuna, este tipo de cosas suceden porque esa persona quizás ingresó a ese sitio por mera diversión, sin esperar nada y no desde la necesidad de ganar dinero.

De la misma forma ocurrirá en tu vida si no te acercas a otros con la finalidad de que te den su aprobación o de ser aceptada sino que permites que las cosas se den de manera natural.

Estereotipos de género. El papel de la mujer en la sociedad

Cuando una mujer o un hombre nacen, ya la sociedad como institución reguladora de la conducta e institución que se encarga de definir lo que está bien, lo que no y cuáles son las conductas aceptadas, ha decidido la forma en la que debería desarrollar su vida.

Tanto del hombre como de la mujer, la sociedad espera que durante la edad adulta contraigan matrimonio y tengan descendencia, y esto en muchas ocasiones es ejercido como una presión social.

En la actualidad, sobre todo cuando el papel de la mujer se ha transformado en comparación al que ejercía en el pasado, llegan a ser incongruentes y extremas ciertas exigencias desde el punto de vista social.

En el presente, el rol de la mujer y del hombre se ha transformado. El gran proveedor por excelencia en el pasado, ahora en muchos casos comparte la manutención del hogar, así como de los hijos con la mujer.

Mientras que la mujer, además de la madre, estereotipo que se mantiene con todos sus elementos intactos en la actualidad, también puede ser la empresaria que debe salir a medirse codo a codo con los hombres en las organizaciones.

La transformación del rol de la mujer en el momento actual supone llevar un gran peso sobre los hombros que parte del seguir siendo femenina pero a la vez audaz.

Es trabajar con la presión de la sociedad y de la familia para que se convierta en madre y se case para que forme una familia, porque a fin de cuentas, eso es lo más importante en la opinión de muchos; de igual manera, debe desarrollarse a nivel profesional.

El tiempo entre la proyección y desarrollo profesional, el ser madre pronto para que no se pase el reloj biológico, para no quedarse para vestir santos, como reza el dicho popular, no logra ajustarse dentro de los roles de la mujer actual.

Porque si se casa a corta edad y tiene hijos no es imposible, pero le costará el doble desarrollarse a nivel profesional, y hoy día se requiere que sea una profesional para contribuir con los gastos del hogar.

Si ejerce su femineidad como se espera por la sociedad de una manera adaptada a las antiguas costumbres, entonces no podrá cumplir con el rol de la autosuficiencia que también es esperado.

Es por ello que los estereotipos que de alguna u otra forma afectan a las personas, en el caso de la mujer, deben ser replanteados para que ejerza menos presión sobre esta.

Una de los aspectos a tomar en consideración ante tan grandes expectativas es centrarse en lo que realmente se quiere obtener sin dar cabida a las presiones sociales pues como ya sabrás es imposible complacerlos a todos.

Los estereotipos de género, en el caso de la mujer, han contribuido en gran medida a que esta ejerza un papel en el hogar con mayor cuota de responsabilidad, ya que si bien es cierto que la mujer, tras la liberación y el empoderamiento femenino, ha logrado conquistar todo tipo de espacios que en el pasado eran exclusivos de los hombres, de esas antiguas labores que tienen que ver con el mantenimiento del hogar para que sea un sitio presentable y bien cuidado para la descendencia, todavía no ha logrado desprenderse.

Y es así como este es un mundo en el que la mujer sale a trabajar en las organizaciones con grandes responsabilidades. En muchos casos, se ocupa además de mantener el hogar bonito y limpio, también se ocupa de los hijos y todo esto, por más que las responsabilidades sean compartidas en el mejor de los casos, en los hombros de la mujer recae un mayor peso.

¿Por qué sucede esto? Porque madre solo hay una, todo hijo necesita una madre, las mujeres aún con todo hacen lo mejor, los hombres no pueden realizar más de una tarea a la vez, y todo tipo de afirmaciones que añaden a la mujer o le recargan para aclarar mejor el término de una serie de responsabilidades de las que si no se encarga termina por ser llamada mala madre, mala esposa o pésima trabajadora.

Por tanto, los estereotipos y la deficiente repartición de los roles a desempeñar por cada uno de los miembros de la pareja han desequilibrado por completo el papel de la mujer y el del hombre.

Relegando a este en algunas ocasiones a un lugar carente de importancia, haciéndolo ver como una figura prescindible en lo que respecta a la pareja y a la familia.

El papel de la mujer en las relaciones de pareja llega a ser en muchos casos confuso y lleno de una sobrecarga adicional que a fin de cuentas ocasiona que la autoestima y el autoconocimiento se vean mermados.

Todo esto, desde el punto de vista de que la mujer en repetidas ocasiones debe poner a los demás antes que a sí misma, entre otras cosas, pues el tiempo disponible dentro de tantas responsabilidades no permite que sea de otra manera.

Si el día a día está atestado de responsabilidades con todos los miembros de la familia, la pareja y la organización, ¿dónde queda ese espacio en el que la mujer dedica el tiempo requerido al descanso, al deporte, a la meditación o a la autorreflexión?

El tiempo es un factor que va en contra de lo que una mujer quiere hacer de su propia vida y del tipo de persona que pretende o que quiere ser.

Una persona agotada, sin disponibilidad de tiempo, de manera progresiva deja de atender sus necesidades y esto pasa a convertirse en algo de todos los días, se instala en la vida de estas personas como parte de la cotidianidad y se comienza a aceptar como algo normal.

La mujer, en muchas ocasiones, pasa a ser, por ende, la eterna sacrificada que lleva la vida en base a su pareja, a su jefe y grupo familiar.

Parte II. Concepciones de la pareja

¿Qué es la pareja?

Una pareja es de las relaciones humanas más complicadas que existen en vista de que está integrada por dos personas, que aunque puedan compartir cosas en común, provienen de familias con valores y concepciones acerca de la vida completamente diferentes.

Es una relación que nace de una atracción de tipo física entre dos personas y que progresivamente se va transformando.

Algunas parejas desaparecen por desacuerdos o por diversas diferencias entre sus miembros mientras que en otros casos las personas debido a diversas causas deciden permanecer juntas.

Lo cierto es que el hecho de que permanezcan juntos en el tiempo no siempre significa que sean felices y que gocen de la dicha inicial que los llevó a quedarse uno al lado del otro.

Lo que ocasiona a menudo dificultades entre los miembros de la pareja además de las diversas concepciones que puedan suscitar todo tipo de desacuerdos entre ellos son aquellas situaciones que las personas a nivel individual no han superado aun.

Y es que es frecuente que aquellas cosas que te afectan a nivel emocional pero que permanecen dentro de ti como situaciones abiertas las lleves al terreno de la pareja.

Lo que te molesta en determinado momento no siempre tiene una raíz en ese instante, con tu pareja sueles reflejar todas aquellas cosas que quizás mantenías ocultas dentro de ti o que no trabajaste en el momento.

Por ejemplo, una persona que fue traicionada en el pasado por otra pareja y que no trabajó esa situación, no la superó y ni se preparó para seguir adelante, puede que acuse a su actual pareja de infiel.

Es posible que debido a su miedo nunca llegue a confiar en esa persona aun cuando esta no le dé motivos para desconfiar y esto por consiguiente desatará graves problemas en esa relación.

De igual forma, aquellas personas que poseen una profunda carencia de amor que puede tener una raíz en su infancia, de manera frecuente se vuelven dependientes a nivel emocional de su pareja.

En estos casos, la relación se ve envuelta en medio de la toxicidad y la dinámica llega al momento en que se convierte en insostenible.

Debido a la dependencia emocional, la tendencia es a ahogar a esa persona y a exigirle que cumpla con todas esas cosas que forman parte de la carencia emocional.

Lo importante de una pareja y lo que se debe buscar es la felicidad, bienestar y crecimiento para cada uno de sus miembros porque lo contrario significa infelicidad permanente.

Y realmente tener una vida llena de infelicidad y de sufrimiento no es el objetivo que ninguna persona se plantea al buscarse una pareja.

Aunque muchas personas tienen diversos motivos para buscarse una pareja, no existe alguien que dentro de sus más grandes metas sueñe con tener una relación en la que reine el desamor, el irrespeto y la desarmonía.

Es por ello que es importante trabajar por tener una buena relación de pareja que provea de bienestar a sus miembros.

Una buena relación de pareja trae crecimiento, alegría y bienestar a cada uno de sus miembros.

Funciones de la pareja a nivel individual y social

La pareja es una de las instituciones que en su grado de máximo desarrollo representa el punto de partida de la familia.

La mayoría de las relaciones de pareja inician por una atracción, muchos buscan al otro solo por curiosidad o por probar suerte pero en ocasiones esta relación evoluciona y pueden llegar a formar una familia.

A nivel individual

Son muchos significados los que la pareja representa para cada individuo y para cada persona puede tener una función.

En principio, toda relación de pareja es un espacio que propicia el crecimiento de sus miembros. Aun cuando dé la impresión de que no funciona por ciertas características, cada uno de los miembros se encuentra trabajando en su propio proceso personal.

Propicia el crecimiento porque produce en las personas, por lo general, cambios de comportamiento en los que se excluye a lo individual y se le concede importancia a lo que corresponde a la pareja.

Otra de las funciones de la pareja para los individuos se relaciona con el desarrollo emocional puesto que es una de los pocos lugares en el mundo aparte de la familia en el que una persona llega a sentirse amado y protegido.

La pareja es una relación que en la mayoría de los casos posee gran contenido emocional, concediéndole esto el alto grado de dificultad que le caracteriza.

Cuando en una relación social de cualquier tipo las personas mezclan las emociones, esta debe saber manejarse muy bien.

Desde el punto de vista del desarrollo social del individuo, la pareja es un aprendizaje ya que se pone de manifiesto una constante interacción.

Dicha interacción parte de compartir de manera frecuente todo tipo de situaciones que a fin de cuentas van moldeando a la persona y le va llenando de experiencias que sirven como un entrenamiento para la vida.

Otra función de la pareja de alcance netamente individual está relacionada con el lugar que toma con respecto a la resolución de problemas de tipo psicológico no resueltos.

Es decir, si existe una carencia emocional de la infancia una persona tenderá a reflejarlo en su pareja y quizás a crear una dependencia emocional y así sucesivamente.

Por otra parte, la pareja brinda el espacio para la madurez emocional de los individuos en cuanto la relación se extiende hasta el matrimonio.

A nivel social

La pareja a nivel social adquiere gran relevancia ya que

es la célula que da vida a la institución con más trascendencia de la sociedad, la familia.

La familia tiene un punto de inicio que es una pareja que une sus vidas por tiempo indefinido, en la mayoría de las ocasiones con el objetivo de formar una familia.

Por consiguiente, podría afirmarse que la pareja es un punto de referencia para todas las personas y es por ello que dada la importancia de esta relación primaria merece ser trabajada y luchar con todas las fuerzas para que funcione.

Una pareja llega a tener una dinámica bastante complicada pero no es imposible hacer que funcione, depende de la decisión de ambos miembros y de un trabajo constante para que las cosas funcionen y la relación se perpetúe en el tiempo.

Elección de pareja

A pesar de que a simple vista pareciese que la elección de pareja es al azar, ciertos elementos influyen al momento de preferir a una persona con respecto a otra.

Son diversos los mecanismos tanto internos como externos que ejercen influencia sobre la elección de la pareja.

Es por ello que en muchas personas se puede observar cómo a lo largo de su vida suelen elegir a su parejas de acuerdo a cierto patrón.

Siempre se ha creído que la elección de la pareja forma parte de una casualidad, otros afirman y sostienen la creencia de que es el destino y que en efecto existe una media naranja para cada quien.

Esa concepción romántica y mística del amor en la cual en alguna parte del mundo se encuentra ese ser que es nuestro complemento, el alma gemela con el que la felicidad está garantizada.

Pero en la realidad no suele ser así, no es casualidad que una mujer que ha tenido varios compañeros sentimentales, al analizar un poco la situación, cada uno de ellos compartan rasgos semejantes en lo que respecta a la personalidad o a las características físicas.

Si se estudia la situación desde este punto de vista, dicha mujer probablemente está eligiendo a sus parejas de forma inconsciente pero busca un punto en común.

Esto puede ser por ejemplo la familiaridad, algunos solemos buscar personas que se asemejan a uno de nuestros padres porque esto nos hace sentir cómodos y en medio de la zona de confort.

Influencia de la relación primaria

En lo que respecta a la escogencia de la pareja suelen incidir ciertos elementos que en ocasiones llegan a determinar el tipo de relación que se establece con la otra persona.

Esto tiene que ver con la pareja que forma parte de nuestro punto de referencia, que no es otra que la que formaron nuestros padres.

Es indiscutible que la relación primaria, la fuente y nuestro punto de comparación, esa que nos dio la vida, causan una gran influencia y llega a determinar el tipo de relación o a la persona que se busque para tener una pareja.

Algunos afirmaran que en su caso no es así porque sus padres nunca estuvieron juntos ya que se separaron antes de su nacimiento, y en estos casos también el hecho de que no haya existido una pareja llega a influir al momento de preferir a una persona antes que a otra.

La pareja que formó nuestros padres interviene en nuestras preferencias de modo inconsciente con la excepción de que la persona llegue a darse cuenta y decida trabajar a nivel personal para cambiar y superar esos patrones.

Existe una tendencia marcada a repetir con la pareja las dinámicas que se establecieron entre nuestros padres y es bastante usual que aquellas personas cuyos padres se separaron desde su infancia les cuesten comprometerse o busque parejas con miedo al compromiso.

Todo esto sucede porque es en nuestra etapa de crianza o socialización donde incorporamos la mayor parte de nuestros valores y creencias, entonces si mi madre y mi padre tenían una relación caracterizada por la toxicidad, en la que era ella la que discutía todo el tiempo pidiendo atención, es posible que la hija busque un hombre similar, que le descuide como pareja.

La razón es que durante la infancia tomamos estos patrones como lo verdadero, y si no te agrada, de manera inconsciente en la edad adulta puedes buscar repetirlo.

Algunas mujeres suelen quejarse del tipo de pareja que les ha tocado y remembrar aquellos sueños en los que de manera similar a los cuentos de hadas llegaba el príncipe, un hombre prácticamente perfecto para hacerlas felices.

Pero en cuanto se topan en el camino con un hombre con valores, sueños, respetuoso, entre otras cualidades, no les gusta, por algo no les llama la atención, sienten que no es lo que quieren ni la persona que les causa emoción.

Lo que sucede es que quizás ese ser no ofrece aquello que se debe trabajar o resolver, puede ser que no parezca familiar y en ese caso resultaría muy extraño compartir los días con alguien así.

Entonces el tipo de pareja que se consiga y sobre todo cuando un patrón se repite, no tiene ninguna relación con la buena o la mala suerte o con la ausencia de oportunidades.

La elección de pareja es una cuestión que depende de cada persona con la excepción de que pertenezca a una cultura en la que debe casarse con quien sus padres elijan.

Por ello es importante ser consciente de cuáles son aquellos factores que intervienen en la elección de la pareja, primero porque es una oportunidad para emprender un cambio mientras que por otra parte es una opción para conocerse a sí mismo.

Las personas se pueden conocer a sí mismas a través de la relación de pareja puesto que en muchas ocasiones la pareja actúa como nuestro espejo, aquellos defectos que forman parte de los reclamos o que se le atribuyen en más de una ocasión pertenecen también a nosotros.

Factores que intervienen en la elección de pareja

Son múltiples los factores que inciden en la elección de pareja y pueden ser de naturaleza individual o social.

Desde el punto de vista individual, la elección de pareja se basa en preferir personas que para nosotros tengan algo familiar como el comportamiento de alguno de nuestros padres o los rasgos físicos.

En ocasiones, la elección de pareja se asocia con aquellas situaciones que a nivel psicológico tenemos abiertas y que aunque nos causa gran dolor, no hemos superado aún.

Por ejemplo, el abandono por parte de nuestros padres es una situación que aunque se puso de manifiesto en la infancia nos genera una carencia afectiva en la vida adulta que nos lleva a escoger personas que pueden llegar a abandonarnos.

En lo que respecta a lo social, la elección de pareja puede verse afectada por estereotipos relacionados con la perfección, el éxito o con lo socialmente aceptado.

Por tanto, existe una gran probabilidad de que se elija a la persona que se adecue a los patrones de lo que nuestros padres quieren para nosotros.

El acto de permanecer juntos como una decisión de todos los días

Una relación de pareja no es una cárcel ni un castigo por haberte portado mal, todo lo contrario, aunque no se trate de las estereotipadas relaciones de los cuentos de hadas, tampoco debe ser una dinámica similar al infierno.

Son muchas las razones que pueden conllevar a que una relación de pareja bajo determinadas circunstancias deje de funcionar y lo que alguna vez fue un idilio entre dos personas pase a convertirse en el propio campo de batalla.

Bajo esas circunstancias es cuando muchas personas se plantean si es conveniente seguir adelante con la relación o si la mejor opción es separarse.

Sin embargo, muchos individuos basados en diversos motivos, a pesar de que no son felices, se mantienen en medio de relaciones tóxicas que les mantienen en medio de una vida con matices grises todos los días de sus vidas.

Cuando pasa la emoción inicial

Los primeros tiempos de las relaciones de pareja están plasmados de emociones, sueños, pasiones, así como de un gran entusiasmo que mantiene a los individuos en medio de una especie de nube de la que no se quisieran bajar jamás.

Son muchos los procesos que hacen posible que el amor se instale de esta manera entre dos seres y compone de causas fisiológicas y sociales.

Esto trae como consecuencia que los individuos lleguen a formarse expectativas con respecto a sus parejas que en muchas ocasiones son irreales e imposibles de cumplir.

Por una parte porque las personas, con la finalidad de ser aceptadas y agradar a los otros se enfocarán de manera consciente o inconsciente en mostrar sólo lo mejor de sí mismos.

Por lo general no suelen mostrar sus defectos y dejan pasar por alto a menudo los defectos que puedan observar en la otra persona.

Tal perfección por ambas partes se suele derrumbar con el pasar del tiempo cuando los defectos que como personas normales tiene cada uno salen a la luz.

Muchos frente a estas circunstancias afirman sentirse engañados porque esta persona ha ocultado información valiosa pero no siempre es así.

Dada la emoción de los momentos iniciales, los mismos individuos deciden obviar los defectos que cualquiera vería a simple vista por lo que aquello del engaño no es del todo cierto.

Todo esto sucede porque en un principio las personas eligen no darse cuenta de lo que resulta obvio llevados por procesos fisiológicos y por la ilusión.

Mantener la fantasía de que la relación nunca cambie

Muchos al tomar la decisión de permanecer junto a otra persona de manera indefinida lo hacen desde la convicción de que nada cambiará y que con el transcurrir del tiempo todo se mantendrá de la misma manera.

Esto sólo es parte de una fantasía porque la relación de pareja es de naturaleza dinámica, lo que lleva a una transformación constante, además, son las mismas circunstancias las que van propiciando los cambios.

En el caso de la pareja se verán sometidos a transformaciones en la medida en que la relación avanza y adquieren un compromiso mayor entre ellos.

El noviazgo, por ejemplo, es completamente distinto al matrimonio porque sin importar si el amor y el cariño es el mismo, durante el noviazgo los integrantes de la pareja no comparten la misma casa.

Cuando las personas deciden dar un paso más adelante en su relación y comienzan a vivir juntos es cuando la dinámica adquiere otros matices ya que pasaran a compartir responsabilidades económicas y las relacionadas con el hogar.

Llegado ese momento deberán repartirse las tareas y definir los roles, lo cual puede ocasionar desacuerdos y hasta diferencias irreconciliables cuando una mayor cuota de responsabilidad recae sobre uno de los dos.

Los problemas económicos, el nacimiento de los hijos, diferentes maneras de pensar, la intervención de familiares, entre otras cosas, genera fricciones que los miembros si desean permanecer juntos deben trabajar en conjunto.

Por consiguiente, el hecho de pensar que la relación pudiese mantenerse en el tiempo bajo las mismas características con las que inició es una fantasía irrealizable.

Permanecer juntos es una decisión de todos los días

En base a todos los tipos de escenarios que pueden formar parte de la relación de pareja, el permanecer juntos es una decisión que cada uno de los dos debe tomar cada día.

Si bien es cierto que los compromisos adquiridos deben respetarse en vista de que se ha empeñado una palabra si llegara un momento en el que una de las dos personas no pudiera ya permanecer en la relación siempre podrá tomar la decisión de irse.

Y siempre que la decisión de no quedarse sea por convicción y por querer estar mejor es igual de respetable que la decisión de permanecer en pareja.

Algunos en medio de una crisis optan por tomar cualquier tipo de medidas con la finalidad de salvar la relación y restablecer el vínculo mientras que otros prefieren separarse.

La pésima acción de obligar al otro a quedarse

Por diversos motivos que van desde la dependencia emocional hasta económica, la crianza de los hijos, negocios en común, hacen que uno de los miembros de la pareja intente retener al otro a toda costa.

Esto es un error de grandes dimensiones que traerá como consecuencia que quizás la persona se quede pero sólo de forma física porque será un gran ausente.

Si quería abandonar la relación lo más probable es que haya sido porque esta no le hacía feliz ya y siempre estará pensando en la manera de retirarse tarde o temprano.

Si se emplea la manipulación emocional, esta persona se quedará pero habrá que pagar un alto precio por ello en vista de que permanecerá sólo por obligación de manera similar al que asiste a una celebración aun cuando se sentía indispuesto.

Por más que amemos a una persona con toda el alma y el corazón, si esta persona no tiene bienestar a nuestro lado siempre será infeliz y es demasiado frustrante esperar de alguien el amor que ya no siente.

Así que por la razón que sea, si obligas a una persona a permanecer a tu lado, estarás cavando la fosa para tu propio sufrimiento y en ese caso es más sano y menos doloroso enfrentar el dolor de la separación de una vez y vivir el duelo que alargar el sufrimiento de manera indefinida.

Etapas del amor

El amor o la relación de pareja como la vida misma tiene una naturaleza netamente dinámica, lo cual se traducen en que a medida en que transcurre el tiempo se experimentarán un conjunto de transformaciones.

En lo que respecta a la pareja, de forma continua se presentarán cambios cuya procedencia se limita a factores internos y externos.

Las transformaciones con origen interno son aquellas que parten de los individuos y que producen cambios en la pareja mientras que como pareja ambos, por diversos motivos, también experimentarán cambios.

Por ejemplo, una pareja caracterizada por la solidez de la relación, la cual se ha construido a través de los años, puede enfrentar un desafío en cuanto a uno de los miembros se le presente una opción laboral que implique que debe residir en otro sitio lejos de casa.

Son casos como estos los que de manera inevitable llevan a las parejas a replantearse día tras días ya que un cambio de empleo que afecte a la dinámica de la pareja e incluso al entorno familiar, si ya existe debe ser parte de una negociación entre los miembros.

El nacimiento de los hijos es un cambio trascendental para la mayoría de las parejas, que genera grandes cambios a los que ambos deben adaptarse y trabajar en conjunto a fin de mantener la relación a flote.

Para que una relación se mantenga en el tiempo de forma productiva para sus miembros se requiere que las dos personas se comprometan a hacerla funcionar, poniendo cada uno un granito de arena cada día.

En las fases iniciales de la relación de pareja no se requiere de mayor esfuerzo ya que en ese momento la dinámica es realmente sencilla, sin embargo, con el pasar del tiempo se requiere del trabajo de cada uno de los miembros.

Etapa de enamoramiento

Esta se corresponde con la fase inicial del amor a través de la cual las personas se ven envueltas en una especie de bruma que se apodera de ellos, así como de todos sus sentidos.

El enamoramiento se pone de manifiesto cuando los miembros de la pareja apenas se están conociendo, son días en los que reina la ilusión y las personas viven sumidas en una especie de trance.

Es como un trance porque los individuos de manera consciente o inconsciente sostienen una marcada tendencia a obviar toda la dosis de verdad que se les pueda presentar ante sus ojos.

Para una persona enamorada los defectos en el ser

amado no existen y le costará entender cómo es que aquel ser tan perfecto existe.

A un enamorado (a) le cuesta sobremanera mantener las manos y el cuerpo separado de su pareja, esto llega a experimentarse en las etapas iniciales del amor como una especie de obsesión.

Se sienten unos deseos irrefrenables por estar al lado de la persona amada, la cual es idealizada en todo sentido y sus virtudes son realzadas.

La alegría es una emoción que a menudo se hace presente en los enamorados, quienes desarrollan hacia el objeto del amor una especie de apego.

Cabe destacar que las hormonas que se segregan durante esta etapa a nivel fisiológico ocasionan que las personas sientan una necesidad extrema por estar con la otra persona, es como una droga que la persona dependiente al consumirla experimentará un estado de tranquilidad y de completa satisfacción.

Durante el enamoramiento se presentan a nivel orgánico una serie de cambios

El nivel de algunos neurotransmisores se eleva (en particular la dopamina y noradrenalina) y el nivel de la serotonina desciende. Resulta que la serotonina es un estabilizador del humor y además, a esto se suma el descenso de la actividad en el lóbulo frontal del cerebro, que se relaciona con el razonamiento lógico... Quizás por eso se dice que el amor es ciego (¡y sordo!). (López, 2016)

Etapa del amor romántico

Es una etapa que se presenta entre los 6 hasta los 12 meses desde el inicio de la relación.

La característica principal de esta fase es la continua reflexión que lleva a las personas a interrogarse de manera constante si en realidad esa es la persona que le conviene o que necesita en términos amorosos.

En el amor romántico se llega a confirmar la preferencia hacia esa persona a la que se eligió para pasar los días.

Las personas durante esta etapa del amor suelen tener al objeto de su amor de manera continua en medio de sus pensamientos, los cuales se convierten en recurrentes.

Una de las principales fuentes de tranquilidad para una persona enamorada que atraviesa esta etapa es tener a su pareja a su lado.

Etapa del amor maduro

Es la etapa cumbre, por así decirlo, de una relación de pareja y son muchas las vivencias y el trabajo personal que se requiere entre los miembros para llegar hasta ella.

En esta fase sigue reinando el amor entre las personas y este es el sentimiento principal que les une, no obstante, la agitación y la marcada obsesión de las etapas anteriores ya habrá pasado.

No significa que el ser amado haya dejado de importar, es solo que las personas con un grado de confianza mayor en el otro pueden estar tranquilos mientras el otro no está.

El amor maduro es un proceso en el que se afianzan los vínculos en la pareja de amor, ternura, lealtad y confianza.

Se suelen liberar neurotransmisores pero sólo aquellos que están asociados con la confianza, la tranquilidad y la empatía; en este caso, no dominará al individuo esa sensación obsesiva de estar encima del otro.

La dopamina disminuye pero aumentan la secreción de vasopresina y oxitocina, y no se trata de aburrimiento sino de calma y tranquilidad.

Son épocas ideales para trabajar en los vínculos saludables de la pareja.

Esta es una fase bastante hermosa para la pareja pero sólo un porcentaje llega a este nivel ya que se requiere un amor profundo, respeto, admiración hacia la otra persona, empatía y madurez emocional.

Una persona con un comportamiento contrario a lo que una relación de pareja requiere en cuanto al compromiso y al trabajo en pareja no contará con la madurez emocional requerida de las personas que viven la última etapa del amor o amor maduro.

Amor a primera y segunda vista

Acerca del amor existen muchas concepciones erróneas que llevan a los individuos durante la edad adulta a cometer errores que ponen en juego su salud mental y la de los otros que se encuentren a su alrededor.

Sobre el amor existen un sin número de teorías que son expuestas en los cuentos infantiles, en los poemas, las canciones en los que siempre se suele idealizar una relación que es de naturaleza humana como si fuera de otro mundo.

La versión que es expuesta a través de los medios de comunicación que considera a la típica pareja integrada por seres que pertenecen a la realeza es sólo una recreación de la primera etapa del amor llamada enamoramiento.

El "¡felices por siempre!" en el que no existe ningún tipo de desacuerdos entre los protagonistas a pesar de que proceden de mundos distintos y que tienen personalidades diferentes no es lo usual en el amor.

El amor se hace presente en su primera etapa de manera similar a como es expuesto a nivel social por medio de obras de la literatura, por películas y canciones de amor en los que las personas expresan su muerte prácticamente a falta de la persona amada.

Esta idea del amor que surge a primera vista y que funciona para siempre deja en algunas personas una idea falsa de que así debe ser una relación de pareja.

Es decir una relación que se mantiene en el tiempo con las mismas características de su fase inicial, sin alteraciones, cambios o mayores problemáticas porque se trata de almas gemelas que son el complemento perfecto.

Todo este conjunto de concepciones son parte de un engaño de lo que realmente es el amor, si bien es cierto que es un sentimiento fuerte que forma uno de los vínculos más hermosos su naturaleza son los cambios.

Es imposible que la relación de una pareja se mantenga en el tiempo como en los cuentos de hadas en los que todo se basa en la felicidad, por supuesto que existen momentos felices pero esos no surgen de la nada o por sí solos.

Una relación requiere de un compromiso permanente por mantener la armonía, la confianza, el cariño y el entendimiento.

La dinámica de una relación de pareja es el producto del entendimiento o las negociaciones a las que puedan acceder dos seres que proceden de mundos completamente diferentes y no tiene nada que ver con el transcurrir del tiempo con el flechazo inicial.

El flechazo inicial es obra de una atracción física que se produce entre dos personas que desean conocerse y compartir al menos un tiempo en común; sólo de esto se trata.

Este enamoramiento sólo se extiende por un tiempo, cobertura que incluye la idea romántica del amor ya que en la medida en que la relación va avanzando las personas comienzan a conocerse en profundidad y es allí cuando tomarán la decisión de si es conveniente permanecer juntos.

Cabe preguntarse en esos momentos si la persona que tienes como pareja se adecua a lo que en verdad quieres para ti, aquello que quieres obtener de una pareja.

Si la respuesta es afirmativa, para las dos personas que se están planteando seguir unidas se inicia una nueva etapa donde el amor a primera vista, ese flechazo inicial, queda relegado en un segundo plano.

El amor es ciego

Y esto tiene que ver con esos momentos en que en pro de la aceptación de la persona con la que se quiere estar se muestra lo mejor de sí y de cierta manera consciente o inconsciente se ocultan los defectos o aquello que como seres humanos no nos hace muy populares.

Eso aunado a la idealización de la contraparte ocasiona que por lo menos durante un tiempo el amor sea ciego y sordo.

El amor no es un sacrificio

Forma parte de los temas favoritos al momento de redactar las letras para las canciones y se llegan a convertir en las más populares.

Es bastante aceptada la idea de ese amor abnegado que

soporta todo y de un individuo que no es persona siquiera sin la presencia del ser amado.

El vivir a través del otro o sólo porque esa persona está en nuestra vida es parte de lo que por lo general se le atribuye al amor.

Una persona enamorada es alguien cuya permanencia en el mundo no tiene sentido sin su media mitad y por ende, la felicidad no depende de ella en un 100%, su vida no es la misma que antes de conocer al ser amado.

Por tanto, en este estado se está dispuesto a cometer cualquier locura en nombre del amor.

Y el amor en realidad se supone que debe ser una fuente de felicidad aun con los desacuerdos que se puedan presentar mas no un sufrimiento.

Amor a segunda vista

Es el amor que surge de manera posterior al flechazo inicial, cuando no se tiene idea de quien es en realidad ese ser sobre el que posamos nuestros ojos.

Enamorarse a segunda vista requiere del pleno uso de la conciencia de lo que se quiere para la vida.

El amor a segunda vista no es ciego, por el contrario, es muy realista y tiene un conocimiento de la persona a la que se ama.

El amor a segunda vista es una decisión que se toma después de conocer al ser amado al desnudo con todos sus defectos, virtudes, debilidades y fortalezas.

Es un amor más humano en vista de que no concede características fantásticas a la otra persona, más bien se reconoce que es otra persona de carne y huesos como yo, que está integrada por cosas agradables, buenas y malas.

Es reconocer que la persona que se ama tiene cosas que no nos agradan mucho pero que de igual forma quiero quedarme con ese ser porque lo negativo que pueda tener al menos para mí no supera lo positivo.

El amor a segunda vista se pone de manifiesto cuando ya nuestros cinco sentidos han conocido todas las facetas de la pareja.

Importancia de tener una relación de pareja sana

La primera razón para trabajar por una relación de pareja sana tiene que ver con el hecho de que es constructivo desde todo punto de vista.

La tranquilidad no tiene precio y una de las situaciones que más restan paz es una mala relación de pareja.

Aunque muchas personas, debido a diversos traumas o situaciones que no han superado, deciden renunciar a una vida en pareja y restarle importancia a esta relación, se le debe dar la importancia que requiere.

Es una realidad comprobada que las personas pueden vivir perfectamente sin tener una pareja a su lado, no es una necesidad vital pero si es una parte de la vida que bien vale la pena vivir.

Dicen por allí que las penas entre dos o compartidas son más fáciles de llevar y eso es una certeza siempre y cuando se trate de una buena relación que no tiene que ser perfecta pero si sana.

Beneficios de tener una relación de pareja sana

Son innumerables los beneficios de tener una relación de pareja caracterizada por la sanidad, entre ellos cabe destacar:

Proporciona crecimiento personal y profesional

Los alcances del apoyo a nivel emocional son ilimitados y una persona en medio de una relación de pareja adulta, desde el punto de vista de la dinámica, puede obtener el doble de la proyección a nivel personal y profesional.

Las personas que cuentan con el apoyo de su pareja tienen más posibilidades de triunfar y de ser exitosos en el campo profesional que quien no cuenta con ello.

Esto se da porque una persona que apoye a otro se encargará de las pequeñas cosas que le resten tiempo y que interfieran en la creatividad del otro con la finalidad de que logre su meta.

El apoyo, claro está que puede darse de diversas formas, la que se expuso en el párrafo anterior sólo es una de ellas.

Una pareja en la que no exista egoísmo de ninguna de las dos partes por la proyección profesional del otro y que además trabajen como equipo tiene grandes chances de salir adelante y de fortalecer el vínculo que les une.

Por otra parte, entre aquellos que no se apoyan existe una marcada tendencia a que se debilite el vínculo y pueden surgir competencias insanas o celos profesionales nada constructivos para la relación.

A nivel personal, tener una relación de pareja sana tiene una estrecha relación con el crecimiento y desarrollo personal.

Partiendo del hecho de que la pareja es nuestro espejo en la medida en que nos enfrenta con esas cosas de nosotros que no queremos aceptar y que en ocasiones proyectamos en ellos, cuando la relación es sana es un síntoma de que hemos crecido y que estamos bien a nivel personal.

Es imposible que una persona con escaso desarrollo personal pueda mantener una relación de pareja sana con otro ya que en estos casos ni siquiera la dinámica propia es constructiva.

En cambio cuando se está en medio de una relación de pareja sana las posibilidades y la evolución a nivel humano y personal son infinitas.

Es un ejemplo para la descendencia

La importancia de tener una relación de pareja sana aumenta cuando se tienen hijos en común.

En primera instancia porque criar niños en un ambiente caracterizado por peleas, malos tratos e inestabilidad es una terrible idea.

No es para nada sano ni contribuye con la formación mental sana de los infantes el presenciar en su día a día cualquier tipo de conflictos entre sus padres.

Y en la medida en que estos se pongan de manifiesto con la agresividad y la violencia de por medio las consecuencias son peores para la estabilidad mental de los más pequeños de la casa.

Un padre autoritario, una madre que es víctima de la situación o que ha desarrollado una dependencia de tipo emocional es un pésimo ejemplo para los hijos, los cuales suelen copiar o repetir patrones de sus padres.

Por otra parte, si esta es la relación primaria de pareja, su punto de referencia estaremos ocasionando que en el futuro ya como adultos repitan estos comportamientos tóxicos.

Los hijos de parejas tóxicas, por lo general durante la edad adulta, de manera inconsciente tienden a buscar personas con las que pueden tener relaciones tóxicas, quizás caracterizadas por la dependencia emocional o la codependencia.

Provee equilibrio emocional

Una relación de pareja en la que reine la armonía, la comunicación y los buenos tratos ayuda a conservar la paz mental de los individuos.

Ninguna persona es feliz ni alcanza el equilibrio emocional en medio de un escenario en el que cada día se libran batallas.

Por el contrario, las continuas peleas, desacuerdos y contratiempos generan en los individuos desequilibrio emocional.

Una persona que no cuenta con equilibrio emocional verá sus posibilidades de evolucionar y de crecimiento mermado ante estás continuas condiciones adversas.

Pasos para tener una relación de pareja sana

Iniciar una relación de pareja con otra persona es de lo más sencillo en principio, vivir en medio de la cordialidad de los primeros tiempos.

La emoción, la alegría continua, la motivación, el optimismo, las ganas de levantarse para encontrarse con el ser amado, las mariposas en el estómago, la ilusión, entre todo tipo de sensaciones positivas que trae a la vida el conseguir un nuevo amor.

Todo ese conjunto de sensaciones resultan sencillas de llevar pero con el tiempo las situaciones van adquiriendo otros matices y ya si alguno de los dos se enoja por alguna acción no podrá callárselo para toda la vida.

O es posible que tu pareja pase por alguna situación adversa que le desdibuje la sonrisa de su rostro y ya no se comporte como la persona a la que estas acostumbrada a ver.

Son situaciones repletas de normalidad nada más y nada menos que de la vida misma y con el tiempo es posible que te enteres que tu pareja es una persona que pasa más tiempo del que tu quisieras enojada o que se estresa con facilidad ante los desafíos del día a día.

Es tu elección quedarte a su lado o separarte y olvidarte de tener una relación con esa persona.

Lo cierto es que si decides quedarte debes asumir como premisa fundamental que esa persona es como es y que por más que tú quieras no la podrás cambiar.

Las personas más felices son aquellas que son aceptadas tal y como son, sin medias tintas ni medios amores, es por ello que la decisión de permanecer a su lado debe ser consciente.

Este tipo de decisiones debido a su trascendencia se deben tomar haciendo uso de la parte racional ya que de lo contrario las personas terminan sumergidas en mares de quejas, arrepentimientos y frustración.

Permanecer al lado de una persona cuya manera de ser en todo sentido o en alguna parte no te hace feliz ni te agrada y eso influye en el normal desenvolvimiento de tus actividades diarias, así como de tu evolución es un completo error.

No existe una fórmula 100% eficaz para formar una relación de pareja sana pero si es posible con amor, cariño, respeto, tolerancia, trabajo y dedicación.

Existen diversos aspectos que conllevan a formar una relación de pareja sana pero el primero proviene de la decisión que se tome de quedarse, la cual debe ir de acuerdo a una elección que no se asocie con la dependencia emocional.

Permanecer al lado de una persona porque se ha depositado la posibilidad de ser feliz en ella es un groso error ya que ninguna persona externa a ti puede tener la potestad para hacerte feliz.

Cada persona debe tener el control de su vida en sus manos, entregarles a otros nuestra felicidad y estabilidad emocional a largo plazo sólo produce sufrimiento.

Diversos elementos que contribuyen a que una relación de pareja sea sana

Sánate a ti misma

Sólo puede acceder a una relación de pareja sana quien en su interior no tiene situaciones abiertas de gran envergadura.

Las relaciones de pareja tienen una particularidad y es el hecho de que muchas personas se encargan de solucionar todo tipo de situaciones abiertas con sus parejas.

La mujer cuyo padre se fue de casa y las abandonó a ella y a su madre cuando era una niña, como adulta, si aquella situación que le dejó una herida de abandono no la ha trabajado ni ha sacado a flote, es bastante probable que la invada el miedo de que su pareja la abandonará en cualquier momento.

Incluso, en algunos casos estas personas suelen buscarse parejas que en realidad cumplen sus fantasías y les abandonan o son los grandes ausentes dentro de la relación.

Es por ello que el primer paso para construir una relación de pareja sana es entrar en ella sin grandes situaciones abiertas que hayan resultado traumáticas o tomar conciencia de aquello que nos pertenece y lo que es parte de la pareja.

Para las personas que han sido víctima de infidelidad, la cual produjo un profundo dolor que les cuesta superar lo ideal es asistir a terapia antes de entrar en otra relación de pareja ya que el comportamiento normal girará en torno a la desconfianza.

¿Cómo depositar la confianza en una persona cuando se fue víctima de una traición tan grande? Es difícil, son situaciones que cuesta superar en muchas ocasiones pero avanzar y superarlas es la única manera de seguir adelante y evolucionar.

Establece límites sanos

Entre los miembros de una pareja para que esta provea crecimiento y bienestar a sus miembros deben existir límites, los cuales deben ser respetados.

Dos personas que desean establecer una relación que se caracterice por la sanidad deben tener unos límites claros que no deben ser sobrepasados por el bien de ambos.

El respeto desde todo punto de vista, el buen trato, la independencia, la fidelidad, son aspectos que no deberían ser violentados en ninguna relación que sea sana.

Respeto al espacio personal del otro

Aunque en un principio los enamorados no deseen nada con más intensidad en el mundo que estar al lado de su media naranja, las personas requieren que su espacio personal les sea respetado.

El espacio personal se refiere a aquellos escenarios en los que sólo cabe uno de los dos integrantes de la pareja que al que le pertenece como su lugar de trabajo o de estudios, el hogar que comparte con su familia y aquel lugar sagrado por así decirlo en el que se reúne con sus amigos.

Las personas en su día a día se alimentan de la interacción social que comparten con otros, así como con las diversas actividades que realizan y el hecho de tener pareja no tiene por qué ser sinónimo de que se perderán todos estos espacios.

Invadir el espacio personal de la pareja o querer que este renuncie a todo el conjunto de actividades que realiza a diario sólo porque queremos pasar más tiempo con la pareja o por desconfianza es un gran error que a largo plazo contribuye al distanciamiento y deterioro de la relación.

Respeto, cariño y comprensión

Uno de los aspectos que contribuyen a que la pareja se perpetúe en el tiempo es el respeto.

Es un valor humano de gran trascendencia en cualquier relación de amistad, pareja, familiar, profesional, la carencia de respeto tiende a romper cualquier vínculo.

El respeto es una de las bases de la pareja, lo que la sostiene en todo momento y que adquiere gran significado.

Una relación basada en el respeto tiene chance de mantener a sus miembros unidos en el tiempo.

Pero cuando se cae en el irrespeto y no se establecen límites sanos sino que esto se convierte en una conducta usual, caracterizada por la agresión de uno de los miembros hacia el otro o el intercambio de esta, hay pocas posibilidades de que esta funcione y prevalezca.

En primera instancia porque el respeto es sinónimo de tolerancia, aceptación y consideración.

Cuando se respeta a la pareja se le acepta tal y como es a pesar de que existan algunos aspectos que no compartamos porque no estemos de acuerdo.

Respeto es que si surge alguna diferencia de opiniones con respecto a cualquier tema, la opinión de la pareja así sea contraria se respete por su validez y trascendencia.

No es correcto bajo ninguna circunstancia descalificar las opiniones o maneras de pensar del otro porque no resulten similares y se consideren equivocadas, esto es parte del irrespeto y esto no tiene cabida dentro de una relación de pareja sana.

Algunas relaciones en las que se no toma en consideración el respeto ni la compasión por la otra persona están condenadas al fracaso en el sentido de que uno de los miembros de la pareja agreda al grupo familiar de su pareja familiar de forma directa o indirecta.

Estas afrentas se pueden llevar a cabo por medio de la crítica para nada constructiva a las costumbres de la familia, a los modos de pensar, valores, códigos de ética, concepciones religiosas entre otras.

Agredir a la familia de la pareja es una práctica además

de violenta irrespetuosa y cuando se incurre en ese error lo que se obtiene como resultado es que la otra persona salga herida y que cada vez más se aleje.

Reírse de las costumbres o de las creencias de las personas con las que creció la pareja conllevan a transmitirle un mensaje a esta bastante explicito además de irrespetuoso es similar a decirle que no le acepto, no es para mí.

La falta de tolerancia y la no aceptación hacia las diferencias que puedan existir con la pareja es una falta de respeto también.

Si bien es cierto que es una conducta completamente natural pensar que lo nuestro es lo único válido y lo que representa a la verdad actuar de forma racional para defender un punto en detrimento de la otra persona, es un error de grandes proporciones.

Esto rompe con todas las posibilidades de desarrollar una relación de pareja sana y resulta hasta extraño estar con alguien que no es suficiente para nosotros desde todo punto de vista.

Respeto significa aceptar que somos dos seres completamente diferentes en muchos sentidos al tiempo que en otros ámbitos compartimos semejanzas y que por más que yo mantenga unas profundas creencias en la veracidad de los valores que me fueron inculcados es completamente posible que la otra persona también posea valores o creencias que han partido de realidades.

El respeto y la tolerancia van de la mano cuando puedo mirar con amor a mi pareja y aceptar que piensa distinto a mí pero que de igual forma así lo acepto.

Respeto es buscar la mejor vía para solventar las diferencias y abrir la posibilidad de que se produzca un acuerdo entre los dos por medio del cual cada uno de nosotros gane algo.

No es respeto tomar una decisión trascendental que debía ser discutida desde el autoritarismo avalado en la teoría de que a fin de cuentas la opinión del otro no es relevante.

Un acto como este implica un irrespeto a la relación que se planteó de forma inicial entre dos personas pero que de pronto a uno de ellos se le está obviando o no tomando en cuenta para la toma de las decisiones que les incluyen y podrán afectarle a los dos.

Un síntoma de irrespeto es faltar a la palabra empeñada a la otra persona cuando se han llegado a acuerdos de manera explícita o sobreentendida relacionados con la fidelidad.

La fidelidad es la combinación de diversos aspectos que se relacionan con la lealtad y el respeto, el respeto desde el punto de vista de los acuerdos a los que hayan llegado los miembros de la pareja al unirse.

Si uno de ellos decide sostener cualquier tipo de relación amorosa además de la que tiene con su pareja se estará faltando el respeto por el hecho de no cumplir con la palabra empeñada, le estará faltando a la relación que se planteó entre ellos dos y a su pareja.

Además se asocia este acto con un acto de profunda deslealtad que le dice a la otra persona, que en cuanto no estuvo presente o se dio la vuelta su pareja aprovechó para intercambiar amoríos con otras personas distintas a ella.

Cometer una infidelidad atentará de manera grave en contra de la relación de pareja y de la persona a la que se traicionó, quien desde el instante de que se entere experimentará una profunda herida que resultará muy difícil de sanar aun con el paso del tiempo.

Agredir a la pareja de forma verbal o física también representa un irrespeto desde todo punto de vista puesto que el respeto parte de tratar a la otra persona bien y de forma empática.

Para quien recibe los malos tratos, los permite y continua con la relación es un irrespeto hacia sí mismo soportar esta situación aun cuando sea en el nombre del amor.

La confianza como base fundamental de la pareja

De manera similar que el respeto la confianza es una de las bases sobre las que se sostiene la relación de pareja.

En una relación de pareja caracterizada por la buena dinámica entre sus miembros la confianza que se deposite uno en el otro es clave.

La confianza en una pareja es un valor de gran trascendencia y con un fino y delicado hilo que la recubre, es por ello que debe cultivarse como un tesoro y preservarse en la pareja.

Cuando se pierde la confianza comienzan a emerger una serie de problemáticas difíciles de subsanar que poco a poco van deteriorando la relación de pareja y debilitando los vínculos.

Una vez que se ha perdido la confianza como consecuencia de cualquier hecho es difícil restablecer de nuevo este valor.

Una persona en cuanto corrobora que su pareja le ha engañado de alguna manera, le costará volver a recuperar ese sentimiento.

Y es realmente parecida a una sucursal del infierno en

la tierra una relación en la que siempre gobierne la duda y la desconfianza.

Cabe destacar que debido a ciclos no cerrados o heridas abiertas del pasado, algunas personas inician una relación de pareja con traumas provenientes de infidelidades que sufrieron por parte de parejas anteriores.

En estos casos sus mayores miedos fundamentados sobre la base de que su pareja les traicionará se verán reflejados sobre su nueva pareja.

Formar pareja con una persona cuyos miedos e inseguridades por la traición que una vez experimentó en el pasado se mantengan intactos es toda una pesadilla.

Cuando a una persona por los motivos que sean le cuesta firmemente confiar en otra comienzan los conflictos que no pararán a no ser que la persona que siente los celos realice trabajo personal o asista a terapia.

Estos conflictos, miedos e inseguridades por lo general logran deteriorar la relación a tal punto que terminan por disolver los vínculos y ocasionar la separación.

No existe nada más incómodo y desagradable que vivir bajo la sospecha de la otra persona con respecto a la supuesta infidelidad. Estas personas, además de ofender con sus continuas dudas a su pareja, llegan al punto de irrespetar e invadir su privacidad.

Suelen tratar de inmiscuirse en las relaciones entre estas personas y sus familiares y amigos y trabajar por aislarle del resto de los demás individuos.

Esta se convierte en una situación realmente agotadora ya que por una parte el miembro de la pareja quien vive en base a la sospecha de infidelidad ve sus días transcurrir en medio de una continua cacería para demostrar sus teorías de que no se puede confiar en nadie porque todas las personas a fin de cuentas terminan por fallar.

Asimismo, la contraparte el supuesto infiel cada día terminará agotado (a) por tratar de explicar que de ninguna manera está faltando al compromiso ni a la palabra empeñada.

Esta dinámica lo que produce es un desgaste en cada uno de los miembros de la pareja y la relación que en algún momento fue agradable y una fuente de bienestar se convierte en un campo de batalla permanente.

Estar en medio de una relación con estas características sólo genera amargura, dolores de cabeza y ganas de poner fin a la relación con la finalidad de conseguir la paz y la tranquilidad que se han perdido a causa de los celos y la desconfianza.

La desconfianza también puede generar una grave problemática que se relaciona con los hechos violentos cuyas cifras anuales colman las estadísticas de muertes por causas pasionales.

La desconfianza aunque en menor medida puede tener su origen en una enfermedad mental con matices de paranoia que ronda en la psicosis y genera una desconexión con la realidad.

Una persona con delirios con referencia a los supuestos engaños y traición por parte de su compañero sentimental cada día se encargará de recrear en su cabeza fantasías relacionadas con la traición de la que está siendo víctima.

Para que una persona piense y actúe de esta manera no es necesario que haya sido traicionado con anterioridad ya que el simple hecho de tener una pareja le despertará las más grandes sospechas en su cabeza.

Bajo estos términos, estar en una relación con una persona con estas características es exponerse de manera continua a situaciones caracterizadas por la agresividad en cualquiera de sus tipos.

Este es un tipo de violencia que no se detendrá bajo ninguna circunstancia, por el contrario, cada vez se profundizará más. En una relación de pareja que adquiera una dinámica basada en la violencia motivada por las dudas ante el supuesto engaño, la única solución viable es la separación a no ser que la persona tome medidas excepcionales y asista a terapia.

Por el contrario, si no se toman medidas en contra de la desconfianza y de los celos, no es posible que ninguna relación bajo estos términos sea sana y provea bienestar a ninguno de sus miembros.

Una de los aspectos que las personas disfrutan es su independencia y el respeto a su espacio personal y en un escenario en el que reine la desconfianza esto es completamente imposible de lograr.

Los celos y la desconfianza acaban por destruir la relación de pareja y en transformarla en una mala experiencia que puede dejar secuelas y hasta conducen a algunas personas a perder la vida.

Por consiguiente, no se puede concebir una relación que se caracterice por la falta de confianza, y es que no existe ni la formula, ni la manera para llegar a ponerla en marcha, esta es una base de la relación de pareja sana que resulta imposible de sustituir por otro aspecto.

La importancia de la buena comunicación.

En la pareja como en cualquier relación humana un componente indispensable es que se lleve a cabo entre sus miembros una continua y fluida comunicación.

En el inicio de la relación la comunicación no representa ningún problema ya que las personas, en la mayoría de los casos pueden pasar largas horas conversando sobre cualquier tipo de temas.

Sin embargo, en la medida en la que pasa el tiempo y la relación va adquiriendo otros matices y pasando a otras etapas, la comunicación puede disminuir y verse afectada por diversos factores.

Dentro de los elementos que ocasionan una deficiente comunicación en la pareja predominan los siguientes

Escaso crecimiento personal

La ausencia de comunicación que tiene su origen en un escaso crecimiento personal reside en la negativa de algunas personas a exponer sus sentimientos.

Una mala gestión de las emociones o el desconocimiento de las mismas conllevan a que los individuos elijan quedarse callados en situaciones en las que reina el malestar emocional.

El no poder identificar el origen de un mal estado de ánimo o de una emoción negativa dejan a la persona sin las herramientas requeridas para manifestarle a su pareja o a cualquier persona la incomodidad que pueden estar experimentando.

En la medida en que una persona no está consciente de lo que le está sucediendo tampoco tendrá la capacidad de hablar abiertamente de ello.

El no tener desarrollo personal produce que los individuos de manera usual confieran poca importancia a sus sentimientos o a su lado emocional. En muchas sociedades se les inculcan a las personas valores referentes con la parte racional y no se le concede la importancia requerida a la parte emocional.

Es similar en ocasiones a que los estereotipos sociales traten de ubicar a los seres humanos caracterizados por la emocionalidad en esferas semejantes a las de las máquinas, objetos sin sentimientos.

Por ello muchas personas, en su mayoría hombres, deciden y eligen luchar en contra de lo que sienten sin buscar siquiera la manera de drenarlos o de exponerlos por temor a ser juzgados como personas débiles de carácter, lo cual resulta vergonzoso para la imagen del hombre poderoso en la sociedad.

Por consiguiente, sobre algo sin importancia como las emociones tampoco se justifica que se hable de ninguna manera o que se exprese por cualquier otro medio.

Tal circunstancia provoca un distanciamiento en la pareja en la medida en que el miembro afectado no comunicará lo que siente y el otro podría resentirse por ende al no ser tomado en cuenta por su pareja para comunicarle cosas importantes.

Desconfianza

En cualquier ciudad o parte del mundo es posible apreciar individuos que aun sin haber tenido experiencias relacionadas con la traición o la infidelidad no logren confiar en ninguna otra persona.

Son personas que siempre aunque establezcan una relación con otra persona guardarán sus cosas muy personales para sí mismos ya que la otra persona bien podría en algún momento exponerle, traicionar su confianza o aprovecharse de él.

En estos casos una deficiente comunicación se apodera de la relación y convierte la dinámica de la relación en algo muy difícil de sobrellevar en el sentido de que la otra persona puede sentir en ocasiones que está con una persona extraña o llegar a desconfiar de ese ser debido a su nula capacidad de confianza.

Es realmente difícil estar en una relación de pareja con una persona sobre la que no se tenga casi ningún tipo de información, en vista de que se niega a ser conocida por otros y a comunicarse.

La desconfianza excesiva puede llegar a terminar y a disolver el vínculo por cuanto la persona que está con él desconfiado puede llegar a un nivel tal en el que la situación se le convierta en algo insostenible y que le comience a costar depositar su confianza en la otra persona.

La confianza es un valor muy grande que parte de tener fe en otro ser y creer de manera ciega que esta persona nunca te defraudará sin importar lo que pase y cuando esto no es reciproco, la relación comienza a deteriorarse hasta que se termina.

Diferencias en la forma de pensar

Las concepciones diferentes que implican ver la vida desde diversas perspectivas llevan a ocasionar una mala o deficiente comunicación entre los miembros de la pareja.

El irrespeto del que puede ser víctima una de los individuos por parte de su pareja traen como consecuencia que una persona se quede callada por decisión propia con tal de no ser atacada.

Si su pareja, más allá de no aceptar su forma de pensar, es capaz de atacarle la persona en el futuro optará por no comunicarse.

Miedo a no ser aceptado

Es una de las causas que contribuyen a la ausencia de comunicación y es que algunas personas por vergüenza, temor a ser abandonados o no comprendidos por más grave que sea la situación por la que estén atravesando prefieren quedarse callados para no pagar las consecuencias más adelante.

Esta falta de comunicación basada en el miedo también puede provenir de un temor a las represalias que pueda tomar la pareja.

Una persona con muchos celos y desconfianza hacia su pareja que le prohíba de cierta manera hablar con una persona determinada motivará al otro a que le mienta si por casualidad llega a cruzarse con esa persona en una esquina.

La razón que produce este tipo de conductas es un miedo a perder a la persona amada, lo cual antes de arriesgarse la persona elige mentir en vez de comunicarse, decir la verdad y pedir más confianza por parte de su pareja.

Falta de asertividad

Los continuos irrespetos en cuanto conducen a las personas a escenarios en los que reina la violencia verbal ocasionan problemas en la comunicación de la pareja imposibles de solucionar.

Lo ideal en cuanto surgen desacuerdos entre los miembros de una pareja es llegar a una negociación por medio del diálogo en el que ninguno de los dos salga perdiendo.

Pero si no se pone de manifiesto una comunicación efectiva, caracterizada por el buen trato y el entendimiento entre los miembros, ni se emplea la asertividad para sincerarse, exponer los puntos de vista y llegar a soluciones por medio del respeto, la comunicación en la pareja terminará por desaparecer.

En este sentido, es una pareja con poca oportunidad de mantenerse y perdurar en el tiempo ya que la comunicación también es una base que bien gestionada garantiza el buen funcionamiento de la pareja y una relación sana.

No es posible llevar adelante una relación sana si los miembros no pueden hablar ni llegar a un punto de entendimiento, sin la comunicación la pareja se pierde.

Parte III. Pasos para recuperar a tu ex

Razones por las que quieres volver con él

Si estás leyendo esto es porque ese hombre que te quita el sueño y que te hace experimentar mariposas revoloteando en tu estómago ya no está más, se ha ido de tu lado, lo has perdido pero todo el gran amor y los sentimientos que tienes por el provocan que desees recuperarlo.

Es posible que te sientas desesperada, abatida, sin esperanza, pero no todo está perdido, para cada problema siempre existe una solución y en tu caso puedes destinar el tiempo disponible mientras se solventan los problemas con tu ex a trabajar en tu desarrollo y crecimiento personal.

Las crisis a pesar de caracterizarse por el malestar emocional que pueden producir en las personas también son una oportunidad para el desarrollo personal, para crecer y mejorar.

Y de eso se trata de tomar todo el aprendizaje que te dejen todas estas amargas experiencias para replantearte e implementar cambios en tu vida.

Y una de las bases de este aprendizaje parte de definir cuáles son las razones por las que deseas volver a retomar la relación, si es un deseo por amor o es una necesidad que va más allá de ti.

Por la familia y los hijos

Si bien es cierto que estás en medio de una separación porque tu ex y tú experimentaron un gran desacuerdo y aunque no estás convencida de querer volver, después de unas largas conversaciones con otras personas te han hecho entender que volver es lo correcto.

Es lo mejor para los niños, ya que no merecen crecer sin su papá; eso te han dicho tu mamá y tu suegra. Además ser madre soltera, es difícil.

En base a todas estas cuestiones, a pesar de que no eres completamente feliz porque él nunca valora todas las cosas que haces y gran parte de la responsabilidad de todo recae sobre ti, vale la pena luchar un poco más por el bienestar de la familia, pues para ti algún día habrá tiempo.

Por amor

Deseas retomar la relación con tu ex pero no sabes por dónde empezar, lo primero que debes saber es el porqué de esta decisión que te conduce a querer recuperar a tu ex.

Si es por amor y por la cantidad de sentimientos que te unen a él, debes analizar qué cosas podrías hacer para que él se decida a volver contigo.

En ese caso seguramente ya sabes que puedes perfectamente vivir sin él, pero después de analizarlo desde diversos puntos de vista has decidido que te gustaría tenerlo en tu vida.

Tu decisión está tomada desde el amor maduro y adulto en el que aunque la relación no es perfecta y se ha suscitado entre ustedes uno que otro desacuerdo, la relación se puede recuperar.

Pues no esperes más, por medio del presente capítulo contarás con las estrategias necesarias para que puedas recuperar a tu ser amado en poco tiempo.

Por apego emocional

Si tu situación es que hasta te cuesta respirar desde el día en que él no está, ese fatídico momento en el que tomó la decisión de marcharse ya que no concibes la vida sin él.

Cada día que pasas sin tenerle a tu lado logras ver cómo tu vida ya no tiene sentido y es que con su partida se acabó tu mundo.

Todas y cada una de las cosas que habías hecho en el tiempo que estuvo a tu lado tuvieron la motivación de mantenerlo a tu lado, nada más importante que él y su felicidad.

Si él es feliz tú eres feliz ya que la felicidad sin él para ti no existe y desde que comenzaron a salir lo supiste, que ese era el hombre de tu vida, tu media naranja, el alma gemela que sólo tú tuviste la suerte de encontrar.

Claro está que él no es perfecto porque a veces había que controlarlo y quedarse callada por su mal carácter, el pequeño defecto que él tiene es que no sabe controlar su ira pero para ti hasta con ese detalle es el hombre perfecto.

Total, como una vez te dijo tu madre, ni el hombre, ni la persona perfecta existen, y él a veces te trataba un poco mal y las cosas llegaban a salirse de control pero tú después reflexionabas y te dabas cuenta de cómo lo habías hecho enojar y que entonces no era su culpa sino tuya.

Tú por amor hacia él desde hace mucho tiempo atrás tomaste la decisión de que no eres ninguna jueza para estarle juzgando, que con él todo es cuestión de comprensión, sus malos comportamientos se deben a la falta de amor.

Y a fin de cuentas, mientras este contigo, que es lo único que a ti te importa, estás dispuesta en entenderle y a soportar todo porque desde hace mucho tiempo te enteraste que ya la vida sin él es insoportable y carente de todo sentido.

Hace una semana que se fue y no has podido dormir bien, sientes que de tanto llanto las lágrimas se te secaran y nada que él vuelve.

A pesar de que sabes que en el mundo existen otros hombres eso no te interesa, lo único que deseas es estar con él y con nadie más; por más que cueste, es lo único que te hace feliz y sentirte completa, tenerle cerca, aunque sea para pelear y para que te insulte.

La cuestión es que esta vez es más grave que otras porque le rogaste, le suplicaste, te arrodillaste inclusive y le amenazaste con que te ibas a quitar la vida para que no fuera y ni siquiera eso lo detuvo.

Lo has esperado al salir de su trabajo y no ha querido conversar contigo, le has llamado, has escrito una cantidad de mensajes en las redes sociales y nada que aparece, has llegado a pensar incluso que lo que quiere es hacerte sufrir pero cuesta aguantar tanto.

Ya no puedes con la desesperación y no sabes que hacer, pues en todas estas líneas podrás encontrar una solución eficaz a tus problemas y si al finalizar la lectura te das cuenta de que aún le quieres en tu vida, por aquí sabrás todas las estrategias que debes emplear para recuperarlo.

Errores comunes al querer recuperar a tu ex

Las personas, en medio de la desesperación que les produce la posible pérdida de la persona amada, en ocasiones, dependiendo del verdadero motivo que les una con esa persona, pueden llegar a medio enloquecer.

Todo el conjunto de acciones desesperadas que emprenden para que el ser amado regrese pueden convertirse en una especie de tortura para la contraparte, quien puede llegar a sentirse intimidado y acosado por la persecución que en el intento de recuperarlo se ha cometido.

La desesperación, la ansiedad, el drama, las amenazas y la manipulación emocional, entre otras cosas, generan que esa persona se moleste más, se canse y termine por alejarse más de lo que ya estaba al sentir que se ha irrespetado su decisión.

El acto de llamar a una persona cientos de veces merece un lugar en el hall de las personas acosadoras y de las victimarias, esto lejos de acercar a una persona puede provocar que el hombre de tu vida se aleje para siempre, así hayas sido tú la que cometió el error que le motivó a tomar la decisión de irse no le llames ya que solo lograrás profundizar el problema en vez de solventarlo.

Si ya hiciste lo correcto, que era ofrecerle una disculpa por tu error y, sin embargo, dio la media vuelta y se fue, no lograrás nada con llamarle en repetidas ocasiones; eso no le obligará a volver.

No le prometas nada que no estés dispuesta a cumplir y menos si esa promesa implica que tú lances tu dignidad por un despeñadero.

No le llames ni le escribas para insultarle, esa es una acción que los hombres especialmente detestan de las mujeres.

En ocasiones, como persona y ser humano, debes tener la paciencia y esperar que pase un poco de tiempo para que las aguas retomen su cauce.

Las personas a veces necesitan retirarse del problema con la finalidad de reflexionar y de que se le pase el efecto negativo de las emociones, lo cual les ayudará a pensar con la cabeza despejada.

No te muestres con otros hombres en las redes sociales para darle celos, esta no es una buena opción y en vez de solucionar el problema lo agrandarás ya que tu ex se puede sentir ofendido y llegar a pensar que no te interesa y que tampoco te importaba la relación que ya tienes un sustituto.

No te muestres demasiado interesada en volver con él ya que la idea es que te valore, te extrañe y que se dé cuenta de lo importante que eres en su vida.

En la medida en que le persigas y no le dejes un respiro no estarás dando tiempo a que la persona se recupere y se convenza de que es lo que debe hacer.

Preocúpate por ti y por estar bien y no te expongas a los desprecios de esa persona, dedícate a recuperarte, has un balance personal y medita sobre el próximo paso que te conviene seguir.

No le ruegues

Uno de los peores errores que puedes cometer al tratar de recuperar a tu ex reside en rogarle puesto que esto te traerá diversas consecuencias.

En primera instancia no es ideal bajo ninguna circunstancia rogarle a ninguna persona por más que estés convencida de que es el hombre de tu vida y de lo cuesta arriba que será la vida sin él.

Rogar o suplicar más, arrastrándote de manera literal o bloqueándole la salida es una acción que no deberías ejecutar porque las personas de manera natural y sobre todo cuando se sienten ofendidos o atacados son implacables con quienes se están humillando y pueden llegar a ser bastante crueles.

Al rogarle mil veces para que se quede sólo provocarás que te maltrate y te desprecie, lo cual aumentará tu sufrimiento y de igual forma no lograrás retenerle.

Por otra parte, si tu ex para aumentar tus problemas es una persona testaruda, con rogarle sólo estarás causando que se aferre más a tu posición.

Una persona testaruda e inflexible, cuando percibe que otra quiere influir sobre sus decisiones tomadas con toda la determinación del mundo, reaccionará reafirmando su posición. Por ello no es una buena idea tratar de convencerlo de lo contrario.

Suplicar por amor te colocará en una muy mala posición, la persona que se arrodilla ante otro y le suplica está irrespetándose a sí misma ya que nadie meceré humillarse ante otra persona.

El acto de irrespetarte a ti misma te traerá como consecuencia que tu ex pierda el respeto hacia ti por completo y si logras atraerlo hacia ti por medio de estas estrategias, lo que puedes lograr es que en el futuro su manera de proceder hacia ti sea completamente irrespetuosa.

Y recuerda que una de las bases para una relación de

pareja sana es el respeto, si tu relación con esa persona no se caracteriza por el respeto, este es un vínculo que terminará por disolverse en el tiempo.

En otro orden de ideas debes saber que la humillación, el acto de demostrarle a la otra persona que es lo más importante para tu vida atenta contra ti en todo sentido.

Suplicar a una persona para que no se vaya es anteponer a esa persona antes que a nosotros y es una clara muestra de una muy baja autoestima.

Una persona que se arrastre suplicando perdón a su ex para que no se vaya de su lado o regrese demostrará con este acto el poco amor propio que tiene por sí misma.

Y una persona que no se quiere a sí misma ni se trata bien no podrá querer a otro porque el amor inicia con uno mismo.

Asimismo, si tú no te quieres a ti misma ninguna otra persona te va a querer ya que la persona que se quiere a sí misma transmite ese sentimiento a los demás.

La seguridad en sí mismas que demuestran las personas que se quieren, saben lo que valen y se tienen una buena estima propicia en los demás el mismo sentimiento.

No te muestres débil frente a tu ex

Uno de los errores que debes evitar al tratar de recuperar a tu ex es mostrarte ante él como una persona extremadamente débil.

Es entendible que estar sin esa persona a la que tanto amas ha desencadenado en ti un bajo estado de ánimo y una gran tristeza pero no por eso debes permitir que tu ex te vea como alguien débil que no va a soportar la separación.

Para agradarle a una persona la mejor imagen que se le puede dar es la de una persona integral. No resulta para nada atractivo ante los ojos de nadie una persona que luce triste, sin vida y como si la situación la rebasara.

Lo más conveniente es que cuando tu ex te vea luzcas bien, segura de ti misma y tranquila incluso si sientes todo lo contrario.

La mejor lección para una persona que se ha ido de tu lado es verte mejor que antes, y darse cuenta de que a pesar de todo continuaste con tu vida, eso le hace pensar que no sólo él es tu mundo sino que tu vida está llena de posibilidades.

Por otra parte, si después de un tiempo o de acuerdo a tu insistencia te encuentras destruida a nivel emocional, la oportunidad de que vuelva contigo disminuye, no es una buena idea que tu ex este convencido de que te tiene comiendo en la palma de su mano.

La estrategia que debes emplear es completamente opuesta a esa, una que no esté relacionada para nada con la debilidad.

Si realmente deseas recuperar a tu ex debes buscar que te vea como una persona diferente a la que conoce y a la que dejó.

Él debe darse cuenta de que tu vida continua con él o sin el a pesar de que en medio de la separación te hayas mostrado débil o como una mujer diferente.

No dejes bajo ningún concepto que te vea triste o disminuida y mucho menos que te vea sollozando por él, esto es humillante y una mujer que se quiera a sí misma jamás debe permitirse algo como eso.

Haz todo lo que esté a tú alcance para que te vea como

una mujer fuerte, que sabe lo que quiere y que no necesita de el para seguir.

Se obtiene un resultado mucho mejor cuando esa persona con la que tuviste una relación, vuelve a saber de ti y te ve triunfante y decidida.

Una de las cosas que enamoran y conquistan a una persona es la posibilidad de admirar a esa otra persona.

Si a tu ex le despiertas admiración, esto es mucho mejor y obtendrás un mejor resultado que al despertarle lástima.

Mostrarte ante alguien con una imagen de debilidad y tristeza hace que esa persona piense que tiene el control de tu vida y de esta manera no te valorará.

Recuérdalo, sabrás por tu misma experiencia que es difícil valorar a una persona que se muestra en desventaja con respecto a nosotros y que siempre va a estar allí disponible para ti pase lo que pase.

No le insultes ni le eches en cara nada

A ninguna persona le agrada que otro le esté abordando de forma continua con reproches que tienen como objetivo hacerle quedar como el único responsable de la ruptura.

Si tienes algo que comunicarle a tu ex no es aconsejable que se lo expreses por medio de gritos e insultos.

La mayoría de las personas en cuanto comienzan a recibir gritos dejan de escuchar y la posibilidad de emitir respuestas constructivas se extingue.

El comenzar una conversación con gritos es una terrible elección ya que de esta manera es imposible que se llegue a un punto de entendimiento entre los dos.

Gritar es una conducta ligada a la agresividad y lo que provocas al gritar es que te griten, te maltraten, no se llegue a un entendimiento y las cosas se compliquen más de lo que ya están.

Una realidad que está en tu contra en cuanto decides tocar los puntos pendientes, aquello que te molesta, de lo que te quieres desquitar o lo que quieres expresar a tu pareja con la finalidad de arreglar las cosas entre los dos es perder la razón y decir la primera cosa que se te cruce por la mente, sin ningún tipo de filtro, con el empleo de los gritos o de los insultos.

Si de tanto insistirle a tu ex, este al final accedió a reunirse contigo para conversar las cosas de los dos, no dañes esa oportunidad de recuperar la relación que tenías con él con acusaciones, cacería de culpables, reproches o insultos que no contribuirán en ninguna medida a solventar los problemas en la relación.

Asumir esta actitud justo cuando tu ex está cediendo, dio su brazo a torcer y se mostró interesado en conversar, es arruinar la oportunidad quizás única que tenías para recuperarle y lograr que regresara a tu lado.

A la mayoría de las personas les desagrada que les griten o les insulten y si vas a emplear esta estrategia para recuperar a tu ex debo comunicarte que en ese caso puedes afirmar ante cualquier juez sin temor a error alguno que tendrás por lo menos más del 60% de la batalla perdida.

Y si una persona tiene la razón con respecto a algún tema, pierde la oportunidad de demostrarlo en cuanto inicia una conversación con gritos, insultos y se niega a escuchar razones.

Si tú ex se fue por las continuas discusiones, gritos y desacuerdos entre ustedes, si al primer instante en que te reencuentras con él llegas a abordarlo con la misma dinámica, lo que puedes es contribuir a que se convenza de que al alejarse de ti tomó la mejor decisión.

Un mecanismo realmente efectivo para romper la comunicación entre dos o más personas son las palabras ofensivas o las conductas agresivas porque la persona fijará su atención en todo menos en la solución a la problemática.

Lo mejor para mantener una comunicación fluida y llegar a los acuerdos pertinentes es conversar con la otra persona de manera relajada, tranquila y asertiva con la finalidad de conseguir un punto de entendimiento entre ambos.

Los insultos por lo general crean más problemas de los que resuelven en la medida en que las personas llevadas por la molestia suelen conducirse con palabras ofensivas e insultos que se salen de control y terminan hiriendo al ser amado.

El agua una vez que se derrama no se puede recoger y una bolsa de papel en cuanto se arruga no llega a ser la misma ni a tener la misma contextura, por ello lo recomendable es pensar aquello que se va a decir antes de hablar para no cometer el error de decir una palabra cuya herida la persona nunca llegue a sanar.

No rompas el contacto cero

Recuerda que esta es una estrategia muy importante si deseas recuperar a tu ex, que los ayudará a ambos no sólo a retomar la relación sino a convertirla en algo mejor para ambos en términos de bienestar personal.

¿Y en qué consiste esta estrategia? A grandes rasgos y

en palabras sencillas, es que por más que te estés muriendo de las ganas por ver a tu ex, saber de él, comunicarle lo mucho que le extrañas, pedirle otra oportunidad u ofrecerle una disculpa para que te perdone, eso es lo primero que debes evitar.

El contacto cero ayudará a que en principio tú ex te extrañe y reflexione de mejor manera sobre la idea de no estar contigo.

Por otra parte, este período dará cabida a que en términos emocionales las aguas retornen a sus cauces de origen; algunas personas requieren de un tiempo fuera o extra para poder conseguir la calma.

Es probable que alguien para superar un gran enojo deba tomarse un tiempo prudencial y distancia a modo de evaluar la situación y mirar las cosas de manera objetiva.

Y ese puede ser su caso, pero también el tuyo porque se trata de tu vida nada más y nada menos y debes también darte el tiempo para evaluar si volver con él es la mejor opción que tienes.

El contacto cero es una estrategia a emplear bastante valiosa si la sabes aprovechar, y tomar como una oportunidad para la reflexión, para comenzar de nuevo y hacer las cosas bien.

Créeme que no lograrás nada si te dejas llevar por la desesperación de saber de él, quizás lo que consigas es que ignores tus llamadas o que no quiera escucharte.

Tu ex debe sentir que también le respetas como ser humano y así sus decisiones, mas si tratas de imponerte a la mala puedes lograr que ya no quiera saber más de ti en el futuro.

Lo mejor que puedes hacer es esperar a que el tiempo

haga su trabajo, que es sanar las heridas y ayudar a las personas a estabilizar sus emociones.

Dale a ese hombre la posibilidad de que te extrañe, de que se dé cuenta de lo importante que eres en su vida y que llegue a preguntarse cómo estás y que estarás haciendo con tu vida.

En la medida en que tengas paciencia y no rompas el contacto cero te aseguro que obtendrás mejores resultados que si te dejas llevar por los impulsos e insistes en buscarle y en volver con el como si no hubiese sucedido nada.

Recuerda que si la relación sufrió una ruptura es debido a diversos factores que le estaban influyendo de manera negativa y a situaciones que les impedía ser felices a ustedes dos.

Ninguna ruptura se produce por sí sola o porque todo esté funcionando de maravilla; en ocasiones hay que tener la paciencia para que las cosas retomen su lugar de origen.

Forzar la situación para obtener lo que quieres sin pensar en una solución a largo plazo te garantizará otra ruptura en el futuro, que puede ser definitiva. Por ello, la recomendación es no romper el contacto cero y cultivar la paciencia.

Tu ex no puede ser tu obsesión

En la vida de cualquier persona hay diversos aspectos que le conectan con las ganas de vivir y de salir adelante.

No es lo normal ni lo deseado que bases tu vida en esa persona que por cientos de razones se fue y ya no está más.

Si bien es cierto que en un principio la situación puede llevar a rebasarte en términos emocionales y que te sientas en medio de un torbellino emocional, cosa que es bastante normal en estos casos, no es recomendable que tú ex se convierta en una obsesión para ti.

Primero porque no es lo correcto para ninguno de los dos, ninguna persona es más importante que tú misma y te tiene que doler. Puedes seguir como hasta ahora lo has hecho, desahogándote por el dolor que genera en ti todo lo que sucedió.

Es normal que vivas una etapa de duelo porque a fin de cuentas eres un ser humano que siente y que tiene sentimientos pero más allá de esto el trabajo debe girar en torno a fortalecerte a ti misma y seguir adelante con tu vida.

No es justo que pases tu vida entera en medio de un llanto o sumergida en pensamientos recurrentes y obsesivos que incluyan a tu ex.

Si a cada segundo piensas en él y no lo puedes sacar de tu cabeza, y pasas tus días pensando qué será de su vida, qué estará haciendo, si piensa en ti, si te extraña, si ha seguido con su vida o ya consiguió un nuevo amor, esto acabará por afectar tu vida de manera negativa.

No está mal que le extrañes y que desees recuperar la relación. Lo que realmente está mal es que se convierta esto en una obsesión para ti, que no comas, no duermas, no te diviertas.

El desequilibrio que te puede ocasionar que no logres sacar a tu ex de tu cabeza se atravesará como un obstáculo en tus labores y tareas diarias.

Una persona con pensamientos intrusivos de este tipo que haya convertido al objeto de su amor en una obsesión no podrá concentrarse ni avanzar para seguir adelante.

La recomendación número uno es la fortaleza para poder aceptar lo que ya es un hecho y que no puedes cambiar porque así sucedió.

Si te obsesiona pensar que las cosas pudieron haber sido diferentes ya que pudiste actuar de otro modo, entonces estarás perdiendo el tiempo sin ningún sentido porque en el único momento que puedes hacer algo es en el presente.

Castigarse de manera continua pensando en las gestiones que deberías llevar a cabo para recuperarle o en aquello que no hiciste a tiempo no te ayudará.

Con esto sólo lograrás perder el tiempo que tienes disponible para salir adelante y sumergirte más en la problemática.

Es importante y constructivo que emplees estrategias con miras a recuperarlo, pero lo sano es que este no forme parte del único objetivo en tu vida.

Basar las ilusiones personales en lo que puede ser o lo que se puede lograr, cuando el que se alcance esta meta depende de otra persona, en este caso tu ex, es un error ya que tu felicidad y estabilidad y emocional no pueden depender de factores externos ni de otras personas.

Muéstrate desinteresada en volver con él

Si te llegaras a encontrar con tu ex de manera casual o a cruzar palabras de algún modo no llegues a mostrar ningún interés en él.

No le realices grandes preguntas acerca de su vida ni le preguntes cómo se siente, muéstrale tu mejor cara.

Mostrarle a tu ex que estás bien aun así te estés muriendo de amor por él y lo que más desees en el mundo es volver con él, esta es una estrategia efectiva.

A un hombre que hasta hace poco le declarabas tu amor a los cuatro vientos y que al irse te dejó sumida en un profundo llanto le llamará la atención el hecho de verte tan tranquila y con una actitud que de ninguna manera deja mostrar el interés en él.

Esta estrategia va en contra del ego de tu ex, que seguramente tenía una creencia completamente distinta con respecto a tu estado emocional actual y esto lo experimentará como un choque que le causará un gran asombro del cual le costará salir.

El que seguramente se había planteado todo tipo de situaciones en las que se encontraba contigo y en todas figuraba como el ganador, cuyas fantasías giraban en torno a ese escenario en el que le planteabas volver, se quedará ahora sin palabras y sin saber cómo reaccionar.

Esta es una estrategia bastante efectiva y lo mejor de todo es que para nada levantarás sospechas en él ya que al verte en tal estado de tranquilidad no dudará en ningún momento de la veracidad de todo lo que le dices.

Planifica un encuentro casual

Para planificar el encuentro en el que te mostrarás totalmente desinteresada con respecto a él puedes optar por planificar una actividad en ese lugar que aunque él no recuerda tú sabes que estará.

La idea es que no sospeche ni por un instante que tú has planificado ese encuentro.

Más allá de violar el contacto cero, esto será una antesala para despertar en él la curiosidad y que se pregunte el porqué de tu actitud tan poco interesada por él.

Tu ex puede llegar a sentirse tan herido y perdido que es probable que te pregunte abiertamente si ya no le quieres ni sientes nada por él.

A esas interrogantes respóndele con dualidad, dile que no se trata de que no le quieras sino de que te has dado cuenta que de forma obligatoria la vida debe continuar. Que entendiste que debes seguir con tu vida a pesar de todo.

Con estas respuestas llegarás a dejarlo sin palabras y como afirmé anteriormente, con una gran curiosidad y un ego herido.

Para ese encuentro, que la única persona que sabe que se celebrará eres tú, vístete de manera casual pero trata de lucir nuevas prendas informales pero muy bonitas. De ser posible trata de que sea un estilo distinto al que siempre luces pero que favorezca a tu figura.

Hazle saber a la mujer que perdió al dejarle con sólo tu presencia y tu indiferencia.

La actitud de indiferencia que demuestres hará que este hombre reaccione y quiera verte otra vez.

Sé espontánea

En cuanto se dé ese encuentro casual que tu habrás planificado pero que tu ex nunca lo sabrá muéstrate de la forma más espontánea posible.

Procura que el note en la imagen que proyectes a una mujer fresca y segura de sí misma, no titubees, utiliza todo lo que has aprendido.

Conversa con él sobre cualquier tema mas no le comentes nada de tu vida personal si no te lo pregunta ni tú le interrogues acerca de la suya.

Este hombre sentirá gran asombro al comprobar que estas feliz, te sientes con gran libertad al punto de demostrarte tal como eres y aunado a esto no te interesas en su vida.

Esto será algo que definitivamente se le instalará como un pensamiento recurrente que no le dejará pensar ni concentrarse en ninguna otra actividad.

En cuanto se lleve a cabo el encuentro con tu ex pareja no te muestres como una persona que no eres ni incoherente con respecto a lo que muestras a través de tu imagen y de tus palabras.

Ríe como nunca, no asumas una posición de conquista a pesar de que te has vestido para la ocasión para que él no llegue a pensar que realmente sigues interesada en él.

De igual forma el consejo es que no toques ningún tema relativo a la relación ni menciones el hecho de que alguna vez fueron una pareja y si él lo toca trata de evadirlo.

Para mostrarte fresca, espontánea y casual este es un tema que definitivamente hay que evitar.

En un primer encuentro casual entre los dos en el que si logras tu cometido y le das la mejor de las impresiones es probable que hasta te proponga una cita no es recomendable y mucho menos agradable tocar temas conflictivos acerca de su pasado.

Tu dedícate a que él pueda ver en ti a una mujer para nada complicada, a esa chica que conoció hace algún tiempo atrás y que logró cautivarle con su gran personalidad.

Ayúdale a recordar por medio de tu espontaneidad y actitud desinteresadas a esa mujer con la que muchas veces se planteó pasar la vida.

Evita por todos los medios que él se entere de que tú

sabias en qué lugar podías encontrarlo y finge la sorpresa y habla de lo mucho que te sorprende que hayan coincidido en ese lugar.

Cuéntale como has cambiado y en qué forma eso te hace sentir una persona segura de sí misma, auténtica y que no teme mostrarse ante el mundo tal como es porque lo mejor importante para ella es aceptarse a sí misma y ser feliz actuando de manera coherente frente a eso.

Si él insiste en contarte sus planes o lo feliz que está de verte extiéndele tus agradecimientos y dile lo feliz que estas de verle y saber que le va bien sin dejar de sonreír.

Dedícate a mejorar tu look y tu vestuario.

Antes de planificar el encuentro casual asegúrate de que le mostrarás a tu ex la mejor versión de ti.

Prepárate para reinventarte también en tu parte externa, trabaja en tu cuidado personal para que puedas sentirte mucho más cómoda contigo misma.

Una excelente idea para que mejores en todos los sentidos de adentro hacia afuera es que, además de trabajar en tu autoestima, autoconocimiento, desarrollo y crecimiento personal, incorpores hábitos saludables a tu vida.

Sin importar si tienes sobrepeso o la figura ideal es recomendable que cuides de tu cuerpo que es como tú templo.

Incorpora dentro de tus rutinas hábitos sanos como la alimentación saludable, la hidratación y el ejercicio físico regular.

Estas actividades y hábitos saludables contribuirán a que luzcas mejor por dentro y por fuera.

El ejercicio además contribuirá a incrementar tu autoestima y a que te sientas más feliz.

Decora tu cambio interior con un cambio de look en el exterior, atrévete a cambiar de estilo, claro está que debes ponerte en manos de expertos para que tu transformación sea todo un éxito.

Puedes transformar el color de tu cabello si así lo deseas. En la actualidad existen muchas gamas de colores que pueden quedarte bien y hacerte lucir mucho más bella de lo que ya eres.

Corta tu cabello, esta maniobra tiene muchos beneficios desde distintos puntos de vista, por una parte porque cortar el cabello ayuda a las personas de cierta manera a cerrar los ciclos, al menos este es el efecto psicológico que causa.

Coincide con sus conocidos para que le hablen de lo espectacular que te ves

Si tienen amigos en común o si no los tienen, pero tienes conocimiento de los lugares que frecuentan sus amigos, dejar que te vean y planificar encuentros casuales es una excelente opción.

Recuerda que cada persona comparte con sus amigos las penas del corazón y en esos momentos en que experimentan una separación es cuando más se apoya en estas personas para sobrellevar las penas.

Los hombres, aunque en su mayoría no estén demostrando de forma continua sus sentimientos ni gritándolos a los cuatro vientos, también sienten y les duele la ruptura tal como a ti.

La diferencia entre hombres y mujeres ante una pena de amor reside en la forma de enfrentar las situaciones. La mujer suele ser más emocional incluso a la luz del día, mientras que el hombre puede refugiarse en reiteradas salidas con sus amigos, tragos y juegos, pero el hecho de que no se desahogue como tú no tiene nada que ver con que no le importe.

Como te puedes imaginar, sus mejores amigos estarán ya enterados de la situación y seguramente que al verte sentirán curiosidad, algunos serán capaces de preguntarte abiertamente cómo te va y de qué manera has tomado la ruptura mientras que otros se quedaran con esa imagen que muestres de ti ese día.

Por ello antes de hacer que te vean procura realizar tu cambio de look y de vestir esa ropa nueva que tanto te favorece a fin de que ellos le comenten a tu ex acerca de lo bien que luces ahora.

Como amigos de él por supuesto que le comentarán que te han visto y que lucias perfectamente, lo cual puede contribuir a despertar la curiosidad de tu ex.

No hay hombre que se resista a esto y se quede con las ganas de saber de ti sin antes emprender la acción para verte.

Esta es una estrategia efectiva y verás como en pocos días tu ex se acercará, llamará o escribirá para saber de ti e indagará en cómo te encuentras.

Por ser un hombre, quizás la curiosidad carcoma su cerebro por saber si estás con otra persona, lo que para muchos chicos llega a ser un tormento de solo pensarlo.

Si te ve mucho más bella que antes de la ruptura querrá estar contigo y se volverá a enamorar de ti, pero recuerda, por más que te ganen la ilusión y lo sentimientos, no se la pongas fácil.

Sólo tú sabes que le darás otra oportunidad, de hecho, ya llevas un tiempo trabajando en ello, pero dale cabida para que trabaje en estrategias para reconquistarte y recuperar tu amor.

Enfócate en mostrarte como una persona interesante, bella y hermosa y no le respondas con un rotundo "no", en cambio, emplea un "quizás" que dependa de los acontecimientos futuros.

Recuerda que la idea primordial es que a pesar de las estrategias que has empleado todo quede como si fuera el resultado de una iniciativa suya.

Activa tu vida social

Una excelente estrategia para recuperar a tu ex que a su vez te traerá múltiples beneficios es activar tu vida social.

En primera instancia expandir tus horizontes. Compartir con otras personas y hacer más amigos te ayudará a relajarte y a entretenerte, lo cual es un respiro para ti en medio de tanto dolor.

Has uso de dicha estrategia para que tu ex se dé cuenta que tú has seguido con tu vida a pesar de que la relación terminó.

Aprovecha las redes para mostrar al mundo tu mejor cara y pide a tus amigas que tomen buenas fotos de ti con tu nuevo look, propóntelo y lograrás reconquistar a ese hombre una vez más.

Claro está que con esta estrategia debes tener sumo cuidado para no causar una impresión equivocada a tu ex puesto que él no puede darse cuenta de ninguna manera que tu actualizas tus redes y publicas tus actividades con la finalidad de que él los vea.

Debes ser cautelosa en ese sentido, por ello, no revises sus redes sociales ni tengas ningún tipo de interacción de ese tipo, actúa como si no te interesa y publica aquellas cosas que estás viviendo y que te apasionan.

Toma fotos y agrega historias acerca de tus salidas favoritas y muéstrate con la mejor de las sonrisas en todo momento.

Evita por todos los medios colocar mensajes alusivos a él en tus redes.

No emplees la red para lucir como una mujer destruida, despechada y que ruega por el perdón ni implora por una nueva oportunidad, a los hombres esto no le gusta.

A tu ex no le agradará que expongas la vida de ambos o lo que ha sucedido en las redes sociales, si decides mostrarle o hacerle saber lo destruida que estás porque ya no están juntos puede que lo consigas pero no creo que tú quieras que regrese contigo por obligación o por lástima; de ninguna manera mereces eso para tu vida.

Por lo tanto, olvídate de esos mensajes que te hagan mostrar como una perdedora, más bien debes lograr que cada vez que el aprecie alguna de tus publicaciones en la red pueda recordar los buenos momentos que vivió contigo y se arrepienta de haber permitido que te fueras de su lado.

Lo más probable es que por medio de esta estrategia en un punto logres que él se comunique contigo y te pida conversar o se interese por saber de ti.

Este es el primer paso para recuperarlo pero recuerda, cero llanto ni dramas, muestra que en tu nueva vida todo es feliz, que te has convertido o has recuperado tu lado popular, ese del que quizás habías desistido por estar en medio de la relación con tu ex.

Si te pide una cita no cedas tan fácilmente

Una de las estrategias más eficaces es que no cedas a ninguna de sus peticiones tan fácilmente.

Por supuesto que una de las cosas que ha tenido la particularidad de robarte el sueño es la idea de recuperarlo y de volver con él, no obstante, haz que le cueste incluso volverse a reunir contigo ya que de esta manera en vez de alejarle lograrás despertar su interés y de cierta manera harás que se obsesione con la manera de recuperarte.

En la medida en que él tenga que moverse y llevar a cabo distintas acciones para recuperarte y volver a estar en contacto contigo tendrás más beneficios al momento de regresar en vista de que estará dispuesto a colaborar para que la relación funcione y te valorará más.

El ser humano tiene una marcada tendencia a concederles mayor valor a las personas cuando ya no están y muchas veces incurre en el error de desdeñar o darle poca importancia a lo que cree tener seguras.

Es necesario que a las personas les cueste conseguir las cosas para que les de valor, entonces date tu valor y has que tu ex te lo de.

Si tu ex te propone un reencuentro muéstrate en un principio negada a esa posibilidad, no tengas miedo, si él te lo está proponiendo es que lleva un tiempo pensando en esa posibilidad y no desistirá de la idea fácilmente.

Puedes indicarle que en base a cómo se dieron las cosas entre ustedes y la relación no te parece que sea una buena idea ni lo ves como algo viable.

Dile que están mejor así y lo que obtendrás es que el hombre haga todo para tratar de convencerte de lo contrario; incluso llegará al punto de decirte que no es para volver sino que quiere verte, a manera de engañarte para que tu cedas.

Este momento es el ideal para que le digas que está bien pero que sólo será un café y que quieres verle como un amigo sin nada de compromisos. Él cederá y te dirá que está bien porque lo que le interesa es tener la oportunidad para hacerte cambiar de opinión.

Cuando suceda esto alégrate mas no abuses de la situación porque ya en gran medida lo habrás recuperado, y depende de ti y de que sigas todas las recomendaciones que en estas páginas he plasmado para ti para que esa misión sea todo un éxito.

No te muestres muy entusiasta con la idea de verle y hazle creer que no estás totalmente de acuerdo con esa idea pero que aceptas en nombre de todo lo que les unió algún día.

Ahora sólo quedará que te prepares para el gran encuentro y saques todo el provecho posible de la situación. Ya en este punto has logrado todo aquello que te has propuesto sin exponerte ni humillarte.

Haz que le cueste volver

Aunque en este momento seas capaz de pagar el precio que sea por estar entre sus brazos una vez más y disfrutar de su compañía, no le demuestres tus sentimientos por nada del mundo.

Que él no se dé cuenta de lo mucho que te mueres por volver con él, lo mejor es que puedas transmitirle que si lo amaste pero ya su amor y ausencia es una prueba completamente superada para ti.

Ya que después de aceptar la cita que te solicitó, es bastante probable que el piense que ya todo está hecho y que seguramente volverás con el sin mayores esfuerzos.

Esa no es una buena idea desde ningún punto de vista, no debes ceder fácilmente.

En primera instancia porque él debe aprender a valorarte y la única manera para que consigas eso es que se dé cuenta que no eres de su propiedad y que no puede hacer contigo lo que se le plazca en todo momento.

Para que te tome en serio la estrategia deberá girar en torno a que no estas disponible para el cuándo él así lo requiera.

Si motivado a la desesperación por recuperarle y estar con él cedes de inmediato y regresas con el sin que él deba hacer cualquier esfuerzo, no estarás contribuyendo lamentablemente a que esta persona te conceda el valor que tu mereces.

En términos de relaciones humanas, poco valor se le llega a conceder a aquello que no conlleva un trabajo, que no cuesta y la conducta en cuanto se cree que una persona está allí para nosotros sin importar lo que suceda es a no darle mucha importancia.

Es por ello que en cuanto él te plantee regresar debes responderles con respuestas evasivas y duales a fin de generar en la inseguridad y confusión.

Debes expresarle que dadas las condiciones eso es algo que debes reflexionar muy bien por cómo sucedieron las cosas y que además estás tranquila. Así no sea cierto, lo más conveniente es que el piense que para ti no es prioridad en tu vida.

Si él quiere realmente regresar contigo y por todo lo que ha sucedido aprendió a valorarte con esta estrategia, que es la estocada final, estarás provocando que se empecine más con el hecho de volver.

A partir de este momento pasarás a ser para él una meta que debe alcanzar ya que te concederá el valor que realmente tienes y podrá darse cuenta de que realmente vales la pena y querrá tenerte en tu vida de inmediato.

No extiendas demasiado esta estrategia ya que se puede cansar o darse cuenta del plan que estas llevando a cabo.

Y mientras no le digas que no por completo pero tampoco que sí, sólo hazle saber que no te quieres equivocar con la decisión que debes tomar que es trascendental para ambos y que por eso quieres darte el tiempo para tomarla sin ningún tipo de presión.

Averigua si realmente quieres volver con tu ex

Preguntarte a ti misma después de llevar a cabo todo el trabajo personal, de aumentar el amor hacia ti y darte cuenta de cuanto vales, si aún una de tus metas y de las cosas que más deseas conseguir en el mundo está relacionado con volver con tu ex.

Si tuvieses hoy que tomar la decisión de volver con él o no pero esta vez no desde el amor ciego sino desde la sensatez, ¿lo harías?

¿Le aceptarías nuevamente en tu vida, sin importar que todo siga como antes en cuanto a la dinámica de la relación de pareja? ¿O te gustaría replantear tu relación con él a fin de convertirla en algo más constructivo?

Estas son preguntas obligadas que debes plantearte ante la posibilidad de que en cualquier momento aparezca la oportunidad, tu ex se presente ante ti y te pida volver.

En este punto es un buen momento para que te tomes el tiempo para reflexionar acerca de la conveniencia de tener a tu ex en tu vida, así como de las causas que te impulsan a querer recuperarlo.

¿Realmente quieres recuperarlo porque le quieres o esto es parte de una costumbre por el tiempo que llevan juntos? ¿Le has extrañado de veras?

¿Tú ex amor es una persona importante para tú vida? ¿En qué medida o en qué orden le colocarías en la escala de importancia con respecto a ti? ¿Consideras que es la persona más importante de tu vida o por el contrario piensas que ese lugar te corresponde sólo a ti?

Si quieres recuperarle porque prefieres estar con él que estar sola, en ese caso enfrentas un problema puesto que ninguna otra persona te puede proveer de aquello que no eres capaz de proveerte a ti misma.

Si recurres a otra persona y la relación que estableces con ella está motivada a que no soportas estar sola y te da miedo si no regresas con él, estás cometiendo un grave error.

Ninguna persona puede servirnos de compañía si la soledad o este sentimiento surgen de adentro. Si buscas a alguien para sentirte acompañada nunca será suficiente para ti, igual terminarás sintiéndote sola porque esa es una sensación que debes trabajar y que surge de ti.

Si llegases a descubrir que esta es la única razón para mantenerte unida a tu ex, es momento de trabajar el desarrollo personal y de que liberes a esa persona que no vino a esta vida a resolver los problemas emocionales que tú por ti misma no has podido.

La razón para estar con una persona si queremos estar bien y esta es nuestra meta que no debe provenir de carencias o problemas de tipo emocional, en ese caso se pierde el motivo de unirte en una relación de pareja con otra persona.

La dependencia emocional puede llevar a las personas a cometer grandes errores que se interponen como obstáculos en su felicidad.

La persona que depende a nivel emocional de otra, en este caso de su pareja, traslada traumas o heridas abiertas que por lo general vivió durante la época de su infancia hacia su relación de pareja actual.

Esto, aunque se da de manera inconsciente, es posible porque en esa pareja se llegan a identificar rasgos característicos semejantes a lo que nos es familiar.

Por ejemplo, una mujer que fue abandonada por su padre de forma física o que a pesar de que vivía en la misma casa siempre fue el gran ausente, habrá internalizado una creencia dentro de ella que todos los hombres abandonan.

Esta mujer en su edad adulta puede, sin saberlo, buscar hombres que de alguna manera compartan alguna semejanza con su padre y no logrará alcanzar la paz en la relación.

Estas son personas que no tendrán tranquilidad porque en la medida en que la relación avance y el vínculo se haga más fuerte, comenzará a sufrir por la posibilidad real de que su pareja le abandone.

Partiendo de la creencia de que los hombres abandonan a las mujeres, ella puede llegar a crearse fantasías en su cabeza sin padecer ningún desequilibrio mental y atormentar a este hombre invadiéndole su espacio personal con chantaje emocional para evitar que le abandone.

Por ello es importante analizar en realidad las causas por las que deseas recuperar a tu ex si parten de algún motivo saludable a nivel psicológico o si por el contrario es parte de una herida abierta y de dependencia emocional.

Depender a nivel emocional de la pareja no es sano bajo ninguna circunstancia, en principio porque tu felicidad será falsa en la medida en que estará condicionada a que él esté en tú vida.

Por otra parte, depender de una persona le sobrecarga de responsabilidades que realmente no le corresponden.

En una relación de pareja lo ideal es que los miembros sean libres para escoger cada día si desean permanecer en la relación o no.

Una relación no es una camisa de fuerza o una cárcel y es en esa medida que el dependiente acosa a su pareja ya que su felicidad y estabilidad dependerán de que no le deje.

Una persona que está con otra que depende de ella hasta para respirar puede llegar a sentirse ahogado de cierta manera y con una presión que le impedirá desarrollar su vida normalmente.

La razón para estar en pareja es la búsqueda de un bienestar compartido, de buenos momentos de calidad, y la relación más sana se da cuando ninguno de los miembros depende del otro para alcanzar la felicidad.

Por el contrario, son personas felices que desean unir sus vidas para compartir la felicidad con ese otro ser.

La búsqueda de una pareja, contrario a lo que se dice, no obedece al motivo de que la otra persona te hará feliz, nadie tiene esa potestad, la felicidad está dentro de ti y es tú decisión.

Entonces, si después de todo el tiempo transcurrido y de las experiencias que has vivido, ¿aún deseas volver o recuperar a tú ex?

Esta es una pregunta cuya respuesta solo la sabes tú, más lo importante es que destines el tiempo para pensar y analizar la situación de manera global, los pro y los contra de volver con tú ex.

Muestra a la mujer de la que se enamoró, sin reproches

Con el pasar del tiempo y luego de que hayas trabajado de forma continua por recuperarte a ti misma, reinventarte, ser una mejor persona y desarrollarte a nivel personal si decides aceptar una cita con tu ex no dudes en ser tú misma.

Una vez que aceptes reunirte con el trata de llevar las cosas a tu escenario a fin de que puedas escoger el lugar en el que se llevará a cabo el encuentro.

Para ello escoge un lugar casual y neutro, nada romántico a fin de que puedan hablar sobre sus cosas desde la calma y sin mayores pretensiones románticas.

Para el encuentro arréglate muy bien pero sin llegar a lucir nada recargado para que no crea que tratas de conquistarlo o que estas interesada en volver con él.

Prepárate antes de la cita de manera psicológica, ensaya posibles respuestas a los planteamientos que te pueda exponer tú ex, relájate y disfruta el momento.

Recuerda como eras en un principio cuando recién te conoció cuando no había surgido ningún tipo de desacuerdo o desavenencia entre ustedes y se esa chica de la que él se enamoró.

Sin nombrarle la palabra relación, compromiso, errores sólo ayúdale a recordar por qué se enamoró de ti y vuelve a comportarte como esa mujer con esa estrategia te aseguro que lo reconquistarás.

Quizás parte de la problemática que le motivó a tomar la decisión de irse de tu lado está estrechamente ligada a los conflictos y la falta de entendimiento entre ustedes.

Pero si le ayudas a revivir esos momentos del flechazo inicial no habrá forma de que se resista.

Muéstrate segura de ti misma y de lo que vas a lograr que no es nada tan difícil, sólo recuerda, para darte ánimos, que ya en una oportunidad lograste enamorarle, por tanto tú cuentas con la magia; sólo deseas explotarla y reavivar el amor y la atracción que les unió en principio.

Un error que no te puedes permitir a ti misma cometer es caer en reproches o en una búsqueda de culpables que no te conducirá a nada en términos de conseguir recuperar a tu ex.

Si llegase a surgir alguna conversación con respecto a la relación entre ustedes, los por menores y las problemáticas de las que fueron sujetos ambos, la mejor recomendación que te doy es que trates por todos los medios de cambiar el tema.

Si tu consideras que él tiene una gran cuota de culpa en lo que sucedió entre los dos, esta cita que supone el reencuentro entre ambos no es el momento más idóneo para que le expreses todo aquello que quieres reprocharle.

Si tú caes en reproches sin sentido porque ya no vas a arreglar nada con eso, lo que estarás haciendo es desperdiciar la oportunidad para que tu ex te plantee retomar la relación y volver a tu lado.

Y si el llegase a insistir en hablar sobre la relación, que es completamente, posible no hables de culpables, sólo limítate a escucharle y a decirle que en verdad como personas se cometieron grandes errores que produjeron la ruptura.

Demuéstrale cuanto has mejorado y crecido como persona

Esa cita en un lugar neutro es la oportunidad perfecta para que le muestres a tu ex lo mejor de ti.

Hazle saber por medio de tus acciones cómo has invertido el tiempo en el que no se han visto debido a la separación en mejorar y recuperarte a ti misma.

Debes lograr en este encuentro despertar la curiosidad de tu ex por descubrir cuanto has cambiado y en la persona en la que te has convertido.

Puedes comentarle si él se muestra interesado de todo lo que has descubierto de ti misma a través del trabajo personal que has llevado a cabo.

Cuéntale sobre tus nuevas concepciones acerca de ciertas cosas y manifiéstale tu decisión de seguir mejorando como persona.

Hazle saber lo bien que te sientes con esta reinvención que emprendiste al darte cuenta de que como ser humano tenías fallas y aspectos que trabajar con la finalidad de ser una mejor persona cada día.

Claro está que debes dejarle claro a tu ex que ese cambio o transformación no lo has dado por ninguna otra persona ni para agradar a los demás sino para agradarte a ti misma.

Esta es una magnifica manera de reconquistarle porque a los hombres, una de los aspectos que más le llaman la atención de una mujer, es la seguridad que tenga en ella misma y la independencia.

El hecho de que él se dé cuenta de que no lo has hecho por el también despertará su curiosidad y le hará replantearse sobre la necesidad de volver contigo antes de perderte definitivamente.

Otra cosa que definitivamente captará la atención de tu ex es el hecho de que no te quedaste llorando en los rincones sino que con lo que tenías hiciste algo bueno.

Y definitivamente a los hombres les fascina esa cualidad en una mujer, la mayoría de los hombres suelen huirle a los dramas innecesarios y terminan por alejarles.

Ellos son seres humanos que le temen de cierta manera a las emociones, lo cual les ha sido transmitido por medio de su crianza ya que el hombre que deja mostrar sus emociones a nivel cultural se asocia con la debilidad de la que deberían de prescindir de acuerdo a los estereotipos.

Dejarle ver a tu ex que con su partida la vida para ti no se acabó contribuirá a que se interese más por ti, le darás con este comportamiento y esta nueva actitud una lección aun sin planificarlo.

A algunas personas, aunque cueste creerlo, le toca el orgullo enterarse de que su ex pareja en vez de quedarse sufriendo como era de esperarse, emprendió un nuevo camino y evolucionó.

Por ello, mostrarle a tu ex lo bien que te va en la vida actual es como un golpe al hígado que le llevará a replantearse las medidas que deberá tomar para reconquistarte y descubrir a la nueva mujer en la que te has convertido.

Para él, enterarse de que no necesitas de el para vivir le

ayudará a darse cuenta de lo importante que eres para él en su vida.

Hazle saber que aún lo quieres pero puedes vivir sin el

Si llegase a preguntarte en medio de la velada que compartan juntos o en cualquier otro momento si realmente lo quisiste o si aún sientes algún tipo de sentimiento por él, piensa bien en lo que le vas a responder.

No te conviene emitir una respuesta llevada por el orgullo, eso arruinaría tu nueva imagen, así como todo el trabajo personal que has llevado a cabo para recuperarte a ti misma.

Puedes responderle de una forma en la que a él le cueste descifrar tus sentimientos hacia el en el presente.

La respuesta ideal es que por supuesto fue una persona muy importante en tu vida y que siempre habrá un lugar en tu corazón para él.

Que en realidad, después de meditarlo por un tiempo, en la actualidad agradeces haberle conocido y haber compartido con él tantos momentos hermosos que siempre quedarán plasmados en tu memoria.

Y que como ya sus caminos se separaron y no coinciden te quedarás sólo con el recuerdo de lo bueno que compartieron como pareja, ya lo negativo que pudieron haber vivido los dos no tiene sentido ni es constructivo para ti recordarlo.

Coméntale que si bien al principio de la ruptura experimentaste un gran malestar y hasta desesperación que te llevaron a sentirte perdida cuando por fin lograste levantarte y entrar en razón comenzaste a entender que aunque le quisieras estabas completamente capacitada para vivir sin él.

Cuéntale como un día mientras realizabas tus ejercicios para trabajar tu desarrollo personal entendiste que si ya habías vivido una cantidad de años sin él, antes de conocerlo, aunque costase un poco la idea de no tenerle en tu vida él no era una persona indispensable.

Comunícale que te diste cuenta que la única persona indispensable en tu vida sin la que no puedes vivir eres tú misma y que el máximo descubrimiento es que la persona más importante de tu vida eres tú.